ANDRÉ MAUREL

PAYSAGES D'ITALIE

II

DE MILAN A ROME

CRÉMONE — SABBIONETA — IMOLA — FAENZA — FORLI
CESENA — FANO — LORETTE — GUBBIO
CITTA DI CASTELLO — BORGO SAN SEPOLCRO — CORTONA
TODI — BRACCIANO — CAPRAROLA
TOSCANELLA — SUTRI — NEPI — CIVITA CASTELLANA, ETC.

PARIS
LIBRAIRIE HACHETTE ET Cie
79, BOULEVARD SAINT-GERMAIN, 79
1913

3 fr. 50

PAYSAGES D'ITALIE

II

DE MILAN A ROME

OUVRAGES DU MÊME AUTEUR

EN VENTE A LA LIBRAIRIE HACHETTE ET Cie

L'ENSEIGNE DE GERSAINT (*Étude sur le tableau de Watteau*).

PETITES VILLES D'ITALIE, Ire Série (*Toscane, Vénétie*).

PETITES VILLES D'ITALIE, IIe Série (*Émilie, Marches, Ombrie*).

PETITES VILLES D'ITALIE, IIIe Série (*Abruzzes, Pouilles, Campanie*).

PETITES VILLES D'ITALIE, IVe Série (*Calabre, Sicile*).

PAYSAGES D'ITALIE, Ire Série (*De Florence à Naples*).

PAYSAGES D'ITALIE, IIe et dernière Série (*De Milan à Rome*).

UN MOIS A ROME.

QUINZE JOURS A NAPLES.

QUINZE JOURS A FLORENCE.

EN PRÉPARATION

QUINZE JOURS A VENISE.

ANDRÉ MAUREL

○ ○ ○

PAYSAGES D'ITALIE

II

DE MILAN A ROME

CRÉMONE — SABBIONETA — IMOLA — FAENZA — FORLI
CESENA — FANO — LORETTE — GUBBIO
CITTÀ DI CASTELLO — BORGO SAN SEPOLCRO — CORTONA
TODI — BRACCIANO — CAPRAROLA
TOSCANELLA — SUTRI — NEPI — CIVITA CASTELLANA, ETC.

DEUXIÈME ÉDITION

PARIS
LIBRAIRIE HACHETTE ET Cie
79, BOULEVARD SAINT-GERMAIN, 79
1914

A MON FILS MICHEL

C'est à toi, mon cher enfant, que je veux donner ce dernier volume de mon œuvre italienne. Il y a bien encore Venise que je termine en ce moment. Mais Venise, tu la connais, depuis le jour de tes neuf ans où je résolus, afin de te prémunir, de mettre sa beauté sous tes yeux qui s'ouvraient aux laideurs de ce monde. Tu n'as donc pas besoin de moi pour ce retour. J'espère, en revanche, puisque te voilà presque un homme, te conduire bientôt dans ces petites villes d'Italie qui m'ont procuré tant de joies, et te faire partager celles-ci. Si, pour une raison que ton âge ne conçoit pas, tu devais t'acheminer sans le vieux compagnon parti de son côté pour un pays lointain, prends avec toi le viatique de mes livres. Ils ne te serviront peut-être pas à grand'chose ; ils te rappelleront du moins ton papa

A. M.

PAYSAGES D'ITALIE

I

LES DERNIERS PAS

Crémone.

Me voici en route encore une fois, la dernière sans doute. Lorsque j'aurai terminé ce voyage-ci, j'aurai accompli la tâche que j'entrepris il y a quinze ans, et qu'il m'a été donné de poursuivre avec une constance dont je n'aurais osé me flatter, et surtout une fortune rare. Quand je songe que, au cours de ces quinze années, pas une fois un obstacle quelconque n'est venu s'opposer à mon départ, ni interrompre ou changer le cours de mon périple, je reste tout éberlué, et je me demande à quelle faveur du destin je dois mon bonheur. S'il est un dieu qu'il faut remercier, lequel choisir? Je tresse une couronne à la déesse Hygie qui a reçu mission de préserver les hommes de la fièvre et des désordres divers qui les privent de leur force et de leur lucidité. On a dit du commandant Marchand que son grand mérite avait consisté à bien supporter la quinine. Je ne puis même me flatter de ce mérite-là, puisque, si j'ai absorbé quelquefois de cet alcaloïde, ce ne fut jamais en d'aussi héroïques proportions. Hygie protégea donc autour de moi ceux qui auraient pu me retenir ou me rappeler au foyer ; elle veilla sur moi, tandis que j'allais à vau-de-route sans m'arrêter jamais. Et voici, grâce à sa protection, le neuvième volume de mon œuvre italienne, et que le dixième et dernier, Venise, suivra bientôt.

A défaut d'autre qualité, et, sincèrement, je sens combien je fus toujours inférieur à la tâche dont je me chargeais avec tant de présomption, à défaut de quelque mérite intrinsèque, ces volumes jouiront du moins d'une originalité : ils formeront l'étude la plus complète qui ait été publiée sur l'Italie. La Lande et Misson sont peut-être plus copieux, mais ils sont beaucoup moins généraux. Stendhal lui-même n'a écrit qu'au hasard ; les lacunes sont nombreuses dans son œuvre. Taine n'a vu que les grandes villes et rapidement quelques petites, une dizaine, entre les grandes. J'en inscris une centaine sur mon répertoire. Et puisque, non seulement depuis La Lande, mais même depuis Stendhal et Taine, l'Italie a été complètement transformée par les travaux de fouilles, de restaurations, a été rendue accessible en bien des contrées jusque-là inabordables, à même révélé au monde des beautés auxquelles personne ne songeait, je puis dire que mes livres, par leur embrassement tout au moins, satisferont en quelque manière au vœu que je formai en quittant Rome après un mois de séjour : ils serviront à quelqu'un. Mes peines n'auront pas été tout à fait inutiles ; mon bonheur de voir n'aura pas profité qu'à moi. Je n'ai peut-être rien dit de ce qu'il fallait dire. Mais l'essentiel n'était pas là ; il était seulement d'inspirer le désir des choses que je venais de regarder. Si, à force de crier, j'ai ameuté la foule, je serai content. On est parti avec moi, on partira encore en m'emmenant, et j'aurai ainsi contribué à faire aimer l'Italie que j'aimai tant et sans laquelle, il faut toujours s'en souvenir, les Français ne seraient pas ce qu'ils sont.

Et voilà, en bref, mon bilan. Un peu de mélancolie l'inspire. Voudrais-je donc n'avoir pas fini encore ? Et je songe à la Ligurie, au Piémont, et au haut Milanais, qui sollicitent quelquefois ma plume oublieuse. Il faut savoir se borner. Peut-être un jour, après avoir cédé aux voix de l'Orient, reviendrai-je au bord des lacs, au pied des monts, sur la riviera Génoise. Gênes et Milan surtout auraient le droit de se plaindre, à moins qu'elles ne se félicitent de mon délaissement. Je les entends, et si Hygie me continue ses faveurs, je les immolerai peut-être. Quoiqu'il arrive d'elles, j'accomplis mon dernier vagabondage, ma dernière course sur les rails et sur le cailloutis. Mes randonnées à travers la péninsule vont être terminées. Le lecteur doit être plus las que moi, qui le suis un peu, non pas de visiter l'Italie, mais de la voir avec le souci d'en écrire. J'ai hâte de m'y promener simplement pour en jouir. Ne pensant, comme il est bien naturel si ce n'est relevé, qu'à mes fatigues, je puis dire que je ne l'aurai pas volé.

*
* *

En route donc, et j'arrive à Crémone de mélodieuse mémoire. Il est impossible, en effet, de venir à Crémone sans songer aux luthiers qui lui procurèrent, plus que ses peintres, une enviable renommée. Les Amati, Stradivarius et Guarneri, tant qu'il y aura des oreilles, rappelleront la gloire de Crémone. La ville moderne ne paraît pas beaucoup se soucier de la perpétuer. Et s'il est juste de la rappeler, elle reste simplement à titre mémorable, sans que rien nous défende de n'y plus penser, ces devoirs rendus. Plus de mélodie, donc. En revanche une heureuse harmonie. Crémone est une large ville, — comment Beyle a-t-il pu la voir « grande villasse où l'on meurt d'ennui et de malaise » ? et il avait dix-huit ans ! — bien ouverte, ceinturée de canaux tributaires du Pô tout proche, et dont les remparts passent à peu près inaperçus. Sise dans la grande plaine lombarde, elle jouit aujourd'hui de la prospérité agricole et industrielle de la contrée, et ses rues, qui conservent nombre de vieux palais, n'en ont pas moins un air joyeux de bien vivre en notre temps pratique.

Virgile ne penserait plus à Crémone en écrivant la neuvième Bucolique, celle qui commence avec tant de vivacité : *Quo te, Moeri, pedes? an, quo via ducit, in urbem?* et où Moeris, avec un touchant égoïsme, regrette que Mantoue soit si voisine de la malheureuse Crémone. Nous qui n'avons point de récoltes dans les champs de Mantoue, nous plaignons Crémone avec plus de désintéressement que Virgile ne le faisait. Moins que toute autre, d'ailleurs, Crémone pouvait gémir de la guerre, puisqu'elle ne devait l'existence qu'à celle-ci. Fondée par les Gaulois de Brennus, elle servit bientôt de rempart aux Romains contre les Carthaginois. C'était une place forte que prirent un jour les Lombards. Et sa destinée gibeline, contre Milan, lui garda ce caractère agressif. Tombée enfin au pouvoir de Visconti et de Sforza, elle partagea le sort commun, enviable pour elle puisqu'elle se transforma en la belle cité qui nous offre encore aujourd'hui, en plus des souvenirs mélodieux, l'un des plus brillants monuments de l'Italie.

Je veux dire sa cathédrale. De la vieille église d'avant les Lombards, il ne reste rien. Que reste-t-il de celle d'avant la Renaissance ? On ne sait au juste. Seul, le Torrazzo, c'est-à-dire la tour, le clocher si on veut, semble bien remonter au XIIIe siècle ; il est l'œuvre des Gibelins. Pour le reste, le monument fut tant remanié qu'il est bien difficile d'en dater les parties, d'autant plus difficile que la Renaissance se garda d'en gâter l'allure générale, la structure romano-lombarde. M. Gorrado Ricci aimerait mieux que l'on dise : roman, tout court, sans ajouter : lombard. Pour le style, il a bien raison. Mais l'adjectif lombard a l'avantage de signaler à l'esprit une caractéristique toute particulière de l'architecture romane en Lombardie, c'est-à-dire la brique et la terre cuite ornementales. Lorsque nous disons : roman, nous pensons tout de suite à San Zeno de Vérone. Et lorsque nous disons lombard, nous évoquons plutôt, s'ils sont gothiques toutefois, l'hôpital de Milan, la chartreuse de Pavie, le municipe de Plaisance. Et ce n'est pas la même chose, en dehors même du style foncier. Gardons donc les mots qui nous éclairent mieux, bien qu'ils soient moins rigoureux et moins scientifiques peut-être. L'essentiel est de comprendre nettement et de bien différencier. Or, il me semble que cet art de la brique et de la terre cuite architecturales a bien droit à sa personnalité distincte. Il est assez charmant pour être distingué. Charmant ! Si Pavie et Plaisance n'étaient là, la cathédrale de Crémone, et même son municipe, suffiraient à nous prouver qu'il peut être grandiose aussi.

Tenant tout un côté de la place, la longue façade, si curieuse dans sa diversité, regarde en face d'elle le rouge municipe, aux fenêtres de style gothique dans ses lignes, et lombard par sa matière et ses ornements. Ce palais public ne saurait prétendre à égaler celui de Plaisance qui a tant de majesté. Mais il jouit d'un même éclat et d'un même pittoresque très joyeux, avec ses fenêtres en dentelle de terre-cuite au-dessus des puissantes arcades ogivales. Et, si nous voulons bien embrasser le Dôme, c'est à l'une des fenêtres du Municipe qu'il faut monter.

On ne sait comment le prendre. En large ou en long ? Ses clochetons aigus, une dizaine au moins, et qui pointent de tous côtés, flanquant le fronton central, émergeant des absides et des transepts, piqués partout comme des torches, ses clochetons, rouges par surcroît, et sur lesquels tranche la façade de marbre, attirent les regards vers le ciel où s'enfonce la flèche du Torrazzo. Celui-ci, c'est le campanile, ancien beffroi que l'église s'est incorporé. Il est superbe de puissance, et d'une hauteur invraisemblable que vient encore augmenter, au-dessus des créneaux gibelins, ce qu'on appelle la guirlande, c'est-à-dire deux étages de loggie surmontés d'une aiguille exquise de finesse. Voilà pour la hauteur. Et voici pour la largeur qui n'en finit plus. Car si l'église s'est incorporé le Torrazzo ce n'est pas idéalement, mais matériellement. De l'extrémité droite de l'église, en effet, et qui touche presque la porte du Baptistère, part un portique qui longe toute la façade dont il traverse le porche, et qui, laissant là l'église, s'en va, comme un bras qui tend la main, prendre la taille du Torrazzo qu'il entoure deux fois, les deux étages de loggie.

Le désordre est grand. Il est ravissant.

Marbre, brique, bonnets pointus, porche roman, portique renaissance, tour moyen âge, volutes baroques, roses et loggie, tout se mêle sans se confondre, se fait sa place méritée, s'accorde et nous enchante. Comment? Par la perfection des détails d'abord, leur goût discret et qui sait garder ses distances. Voyez ce porche central, par exemple, qui interrompt le portique. Il le fait si noblement, avec une lourdeur si majestueuse, qu'il est un repos pour l'œil qui trouverait cette galerie, peut-être, démesurée. Et les lions emmanchés de colonnes, classiques en Lombardie, animent les portiques qu'ils surveillent de leur tête de côté.

Elle est, d'ailleurs, un pur chef-d'œuvre, cette

colonnade, chef-d'œuvre rien que par la ligne de ses arcades. Elle égale en perfection les cloîtres les plus célèbres, si fine, si légère, d'une mesure, d'un tact, dirais-je presque, si pur, si juste. Les fonds rouges des transepts projettent les marbres. Les statues piquées çà et là éclairent les ombres. Le torrazzo rit des loggie dont il se pare au pied et au col, comme une sultane qui ne serait vêtue que de bracelets à la cheville, et d'un collier. Tout cela brille, chante harmonieusement ensemble, et, c'est la seconde raison du charme que nous subissons, tout cela est ainsi parce que la Renaissance eut l'audace de le fondre, sut tirer de chaque œuvre sa leçon, et en user pour atteindre plus de perfection encore.

Ce fut, il me semble, un des grands mérites de la Renaissance que sa souplesse. Elle s'accommoda de tout, du roman, du gothique, auxquels elle mêla ses lois. Il est vrai que ses lois étaient les bonnes. Au grand dévergondage du moyen âge, à l'orgueil fabuleux de la piété délirante, elle opposa sa sagesse, son antique raison. Elle jugea tout à fait inutile de détruire, mais sut s'accommoder et plier les choses aux grands principes qu'elle était aller reprendre à la source pure. Rappelons-nous la façade de Pavie. Sa richesse elle-même ne choque pas. Parce que, en dépit de certains excès, la ligne est toujours conservée. Je le sens tout autant à

Crémone ; j'y vois inscrit une fois de plus sur des murs septentrionaux le génie même de l'Italie, sans que la nouvelle formule ait rien fait perdre à celles qu'elle venait remplacer. Elle les magnifie même, au contraire. Et le Baptistère de Crémone, voisin du Dôme et du municipe, avec ses huit tours, ses murs percés de quelques fenêtres et sa loggia supérieure, en courtine, complète un ensemble qui fait plus que réjouir, qui enseigne.

L'intérieur donne des leçons aussi. Ce n'est point cependant par l'architecture, où le plein cintre alterne avec l'ogive, les piliers avec les colonnes, que le vaisseau nous instruit ; mais par son décor, c'est-à-dire les fresques qui couvrent les murs supérieurs de la grande nef et le chœur tout entiers. L'usage est de dire : l'école de Crémone. Suivons l'usage, avec cette restriction toutefois qu'il n'y a pas d'école, c'est-à-dire de manière originale de peindre, particulière à un pays et à certains peintres de ce pays, à une époque donnée. Crémone connut des peintres qui travaillèrent pour elle, mais ces peintres n'ont rien produit que nous ne trouvions ailleurs, qu'ils ne doivent à d'autres peintres d'une autre ville. L'école de Crémone n'est qu'un rameau de l'école de Venise. Les peintres de Crémone ont travaillé d'après les maîtres vénitiens. Ils en ont apporté ici la facture et un peu l'idéal. Ils n'ont rien créé qui leur appartienne en propre. Cela dit, sachant bien ce que nous voulons dire, usons des mots qui particularisent.

L'école de Crémone, donc, existe. Elle est même nombreuse et brillante. Le premier en date de ses membres serait Bonifacio Bembo, mais son œuvre crémonaise est minime : à San Agostino les portraits peints à fresque de François Sforza et de sa femme Blanche-Marie, outrageusement repeints. Et, d'ailleurs, le maître incontesté de la première période de l'école crémonaise, car il y en eut deux, fut, plus que ce Bembo, Boccaccio Boccaccino. Il était de Ferrare, et il mena une vie assez aventureuse, emprisonné à Gênes, meurtrier de sa femme à Ferrare. On le trouve enfin à Crémone, en 1505, où il prend rapidement la première place que lui cèdent de petits Bembi, nés de Boniface. Boccaccino était adroit, habile à s'assimiler le faire des grands maîtres, et on retrouve chez lui toute la belle lignée des lagunes, et surtout Giovanni Bellini. Il eut assez de vigueur et d'éclat pour s'attirer les hommages de Titien et de Palma. Avec lui travaillent à Crémone Melone, les petits Bembi et Galeozzo Campi, le père.

C'est la première génération. La seconde est celle des fils de Galeozzo Campi. Entre temps sont venus à Crémone deux grands maîtres vénitiens qui ont ravivé cette école qui s'épuisait vite dans la répétition et la copie : Pordenone et Romanino. Sous leur impulsion, Crémone reprend quelque vigueur ; les fils Campi couvrent la ville de leurs œuvres, et offrent, au moins et enfin, le plus curieux de leurs fruits : les six sœurs Anguiscola, peintres toutes les six, et dont l'aînée, Sofonisbe, a laissé des œuvres remarquables, une gaillarde, d'ailleurs, qui alla travailler en Espagne, s'y maria avec Don Fabrizio de Moncade qu'elle accompagna en Sicile, et qu'elle oublia bien vite, lorsqu'il fut mort, pour épouser le capitaine de galère qui consentit, à ce prix, à la passer en Italie. L'histoire ne dit pas si, en consommant le sacrifice, Sofonisbe y mit la sublime indifférence de Marie l'Égyptienne.

Il n'y a pas, au Dôme de Crémone, d'œuvres des six sœurs. En revanche les deux générations de l'école y sont représentées. Un caractère commun, si c'est un caractère que de n'en pas avoir, les apparente. Venise est là tout entière, si, encore, c'est être Venise que de n'en afficher que les procédés. Du mouvement, de la composition, de l'audace dans les couleurs, c'est bien là Venise ; mais voici Crémone : une superficialité, un manque de conviction, un air de commerce pressé, l'œuvre d'un tâcheron adroit et malin, sans sentiment aucun et qui ne se doute pas un instant du grand précepte formulé par Burckhardt et qu'il faut toujours répéter : « On ne peut demander aux peintres de partager tous les sentiments qu'ils traduisent, mais on doit exiger qu'ils les éprouvent lorsqu'ils les expriment ». Boccaccino est ses élèves n'éprouvaient jamais. Les Campi encore moins. Ceux-ci, ce sont les industriels dans toute la sévérité du mot. M. Corrado Ricci dit de l'un d'eux : « D'abord disciple de Romanino, nous le voyons peu à peu suivre le Parmesan, Lotto, Titien, Dosso Dossi et enfin Jules Romain ». Comme nous l'aimerions mieux s'il n'avait écouté que lui-même ! Il n'avait pas le temps, ses frères non plus. Et leur chef-d'œuvre me semble, tout compte fait, les six sœurs Anguiscola. Comme on travaillait à Crémone !

Celui qui y travailla le mieux, au sens noble, cette fois, de travailler, ou, si l'on veut, celui qui m'a le plus touché parmi toute la phalange, c'est le moins connu de tous. Ne croyez pas que je l'aie choisi parce qu'il était obscur, et que c'est une manière de se distinguer que de s'arrêter devant les ignorés pour les révéler. Non, et j'ai regardé ces fresques avant de connaître le nom de leur auteur. J'ai noté sur mon guide celles qui m'avaient ému davantage. Il n'y a pas de ma faute si, au contrôle, elles se sont trouvées signées de Melone, principalement *Jésus devant Caïphe* d'une ordonnance, d'une vigueur et d'une hardiesse de coloris vraiment magistrales. Les autres ? Ouvrage de bon ouvrier, dramatique à souhait et qui n'offre rien à reprendre. Toute la vie de la Vierge et celle de Jésus sont là, dans leurs épisodes classiques, mis en scène avec une adresse, un sens de l'effet incomparables, mais hélas ! il faut le répéter, avec cette froideur intime qui glace toute bonne volonté d'admiration.

Alors monte à ma mémoire l'école de Naples, Ribeira et sa cohorte, et tous ceux de tous les temps qui exploitèrent les trouvailles du génie. Il faut venir à Crémone pour savoir ce que le mercantilisme, honorable d'ailleurs et non sans labeur personnel, a pu faire des grands Vénitiens. Voilà où en sont les hautes pensées d'un Bellini, la gravité si humaine d'un Palma, et jusque, dans Campi, la suavité de Pérugin ; car on raffina l'industrie de Pérugin. Ah ! je suis bien sûr de ce que je dis ! Si j'en pouvais douter, il me suffirait de voir au milieu de ces Boccaccino et de ces Campi, leurs maîtres : le grand Pordenone et Romanino. Le simple et sincère Melone, que nous aimons à côté de Romanino, nous fait saisir toute la distance. Chez Melone, c'est conscience, gravité, science aussi. Romanino possède ces qualités, mais il les fond au creuset du génie qui lui donne l'ardeur du mouvement, la solidité des formes dessinées d'un trait rapide et sûr, et cette couleur vive et harmonieuse qui est l'enchantement même ; tout cela, les dons d'un maître. La sobriété de l'*Ecce Homo,* sa sécheresse si l'on veut, traduit toute la douleur humaine.

Alors, au-dessus de tous, de Romanino comme des autres, éclate Pordenone qui put, un instant, rivaliser avec Titien, et qui est le seul ici qui rappelle Giorgione. Celui-là, nous l'avons vu autrefois à Plaisance. Tintoret l'admirait, et je comprends cela. Sa fougue est extrême, et cependant elle n'est pas excessive. L'ampleur de ses formes reste toujours sans lourdeur. Nul plus que lui n'eut le sens du geste qu'il arrêta après l'avoir poussé à l'extrême limite, au point où il deviendrait choquant. Pordenone éprouvait les sentiments qu'il rendait au moment où il les représentait. Une vie intense et juste, une virtuosité qui se surveille, si grasse dans ses formes musclées. Et ici encore, à Crémone, comme à Plaisance, devant Pordenone, je pense à Rubens, mais un Rubens plus fougueux, qui aurait travaillé avec Tintoret. Le *Christ mort,* de Crémone, par Pordenone, est une des œuvres les plus fortes et magnifiques de l'art vénitien, et l'on comprend que Titien fut jaloux de son auteur. Car Pordenone eut la gloire suprême d'inquiéter Titien.

N'y aurait-il à Crémone que l'œuvre de Pordenone, que nous devrions y venir encore. On a vu que le cadre est digne du tableau. La ville, après cela, est bien pâle. Et pourtant on y trouve, dans d'autres églises, au musée, quelques œuvres de l'école qu'il convient de voir pour s'édifier complètement. On y trouve surtout quelques palais intéressants, dans le style lombard, et où la terre cuite ornementale prodigue ses gaies fantaisies. Le plus joli est le palais Dati, dont la cour est un chef-d'œuvre de délicatesse et d'éclat; le plus curieux est le palais Trecchi relativement sobre, où l'on voit ce que la première Renaissance obtenait déjà par cet art de la brique et de la terre-cuite que, comme tous les autres, elle utilisait et pliait à ses formes classiques.

Et la question revient toujours, cette question qui rend si passionnante la petite ville d'Italie. Pourquoi, tout d'un coup, sans que rien semblât la désigner, pourquoi Crémone, par exemple et entre cent autres, se mit-elle à fleurir ainsi d'œuvres innombrables, d'une école? Rien, dans la Crémone militaire, ne semblait devoir engendrer les arts. On ne peut même arguer du développement économique, même au temps où Crémone tenait la voie mercantile, le fleuve, le Pô. Bien d'autres, ses voisines, occupèrent celui-ci, qui restèrent au-dessous d'elle. Et c'est aussi pour cela que le voyage d'Italie est si intéressant, par son imprévu et les horizons sociaux qu'il nous ouvre. Fatalement on cherche les raisons du développement artistique.

On se demande nécessairement comment il se fait qu'une ville, tout à coup, est devenue florissante, sans que rien de ses origines ni de son développement la prédisposât. Et l'on trouve toujours, à la base, une phase de l'histoire qu'il faut connaître si l'on veut comprendre.

Pour Crémone, cette phase s'appelle Visconti-Sforza. La gibeline Crémone avait souvent gêné, par sa fidélité à l'Empereur, l'expansion seigneuriale des Visconti, en train de se pousser à la maîtrise du Milanais. Ils s'emparent enfin de cette précieuse citadelle assise sur le fleuve, au milieu des fertiles campagnes. Tout leur effort va tendre à se la rendre favorable, donc à la grandir, à l'embellir, à l'enrichir. Philippe-Marie, le dernier Visconti, n'ayant qu'une fille, Blanche-Marie, la marie à François Sforza, condottiere, digne fils de son père condottiere, et le principal cadeau de noces est Crémone. Bien mieux, c'est à Crémone que se célèbrent les épousailles. Milan est sacrifiée, même pour cet acte grave qui doit assurer le duché à une seconde dynastie. Mais Crémone est la forteresse qu'il faut garder d'autant plus que les souvenirs de l'indépendance ne sont pas loin. Blanche-Marie et François, devenus maîtres de Milan, ne négligent pas Crémone. Bonifacio Bembo est appelé de Brescia, et il fait souche. Crémone jouit de toutes les ducales faveurs intéressées. Boccaccio

Boccaccino y trouve un abri contre ses ennemis, à condition qu'il travaille, et, jusqu'à la fin, les Sforza caressent Crémone avec un amour profond. Les enfants du More y appellent Pordenone et Romanino.

Pour nous, cependant, il est une figure qui domine à Crémone, celle de Blanche-Marie Visconti, femme de François Sforza, mère de Galeas et de Ludovic le More. « Blanche de mœurs et de chair », disait-on. Élevée à la cour raffinée des Visconti, elle a gardé la simplicité du cœur et des manières. Elle avait dix-sept ans, François quarante, quand ils se connurent. Et ce beau mariage, pour François, fut un mariage d'amour qui ne se démentit jamais. Il avait en elle la plus grande confiance qu'elle justifiait; elle suivait son mari au combat et quelquefois le remplaçait, par exemple lorsque, son mari occupé à Brescia, elle apprend la révolte de Monza. Elle y court avec les troupes et, se présentant devant la ville, se la fait rendre. Elle tenait, d'ailleurs, les rênes du gouvernement intérieur du duché. François les lui abandonnait, et suivait même, pour l'extérieur, ses conseils. A la mort de François, 1466, elle pourvoit à tout, met tout en ordre, finances et police, et alors seulement épanche sa douleur.

Elle essaie un instant d'aider Galeas au Gouvernement. Galeas n'y consent guère, et Blanche-Marie part pour Crémone où elle veut finir ses jours, Crémone où s'étaient célébrées ses noces, et qui avait gardé sa prédilection. Elle ne l'avait jamais abandonnée, appelant les artistes, stimulant l'activité générale, réussissant enfin à rendre son fief un centre d'art qui, en dépit de son infériorité, finira par compter dans l'histoire. Les grandes œuvres de Crémone, l'école elle-même ne parurent qu'après Blanche-Marie, mais elle donna l'élan. Et les particuliers de rivaliser avec elle, bien entendu, pour faire leur cour. S'élève alors le palais Stanga dont la porte est au Louvre. Bartolomeo Gadio, l'architecte du Castello de Milan, y est envoyé, d'autres encore.

Mais Galeas ne laissa même pas sa mère arriver jusqu'à Crémone. Il la fit empoisonner sur le chemin. Sept ans après, Blanche-Marie était vengée : Galeas, au jour de Noël 1476, était assassiné dans Saint-Ambroise de Milan.

Qu'aurait dit Blanche-Marie si elle avait pu voir son fils Ludovic devenir le tuteur et bientôt le meurtrier de son petit-fils Jean-Galeas, fils de Galeas-Marie? Elle pouvait, par certains côtés être fière de Ludovic, le plus remarquable de la race, certainement, mais que trop d'ambition perdit, qu'un manque d'équilibre précipita dans la trahison. De celle-ci, Blanche dut gémir dans sa tombe de Crémone, et y pleurer sur l'œuvre de ses ancêtres, le

Visconti, ainsi gâchée. Peut-être cependant, vidant la coupe, pensa-t-elle à son aïeule Catherine, que Jean-Marie Visconti, son grand-père, fit assassiner aussi ? Galeas-Marie ne fit que recommencer ce qu'avait accompli Visconti. Jean-Marie Visconti avait été laissé par son père sous la tutelle de Catherine. Il la relégua à Monza et l'y fit empoisonner ; il fut assassiné à son tour par son oncle, frère de Catherine, Astorre. La seule différence est qu'Astorre ne prit pas la place de son neveu Philippe-Marie, père de Blanche-Marie.

On raconte que le Pape Jean XXIII, se rendant au concile de Constance qui devait le déposer, essaya de s'entendre auparavant avec l'empereur Sigismond, et que, dans cette intention il donna rendez-vous à celui-ci à Crémone. Sigismond ayant invité le pape à monter sur le Torrazzo, ils y grimpèrent, et, tandis qu'ils admiraient le paysage, l'un des seigneurs présents retint avec peine une furieuse envie de les précipiter tous deux pour en finir. Shakespeare, lorsqu'il écrira son *Jules César* et tracera l'inoubliable scène de Baia, sur le vaisseau de Pompée, connaissait-il la tentation de Gabriolo Fondolo ? Nous, qui maudissons cependant les parricides Visconti et Sforza, nous nous prenons à regretter que Pompée et Fondolo aient repoussé l'esprit malin. Les Campi, gloire de Crémone, bien que Giulio connut son art assez bien pour que son

Hallebardier, qui est au Louvre, fut longtemps attribué à Titien, et que Bernardino ait peint la *Pieta,* du Louvre aussi, les Campi nous manqueraient-ils beaucoup ? Ne nous manquerait pas, du moins, Pordenone, puisque nous le possédons à Venise et à Plaisance. Et si nous savons que, au moment où Jean XXIII et Sigismond faillirent à la culbute du haut du Torrazzo, vingt ans s'étaient écoulés déjà depuis que Valentine Visconti avait épousé le duc d'Orléans, et que, par conséquent Charles VIII, sans le More, eût tout de même trouvé prétexte à descendre en Italie, nous reconnaîtrons que la France même n'y eût rien perdu...

II

LE BERCEAU DE JULIE

Sabbioneta (Parme).

L'année dernière, à Fondi, je m'étais promis de venir trouver ici le neveu et pupille de Julie de Gonzague, Vespasien, Duc de Sabbioneta. Successeur de ses frères, le fils du Rodomont avait hérité, sans doute, son domaine émilien ; il pouvait dire néanmoins qu'il l'avait créé, puisqu'il avait transformé ce fief ducal en une résidence princière, branche des arts. L'élève de Julie, le nourrisson des muses quattrocentistes, reçut de sa tante le goût des belles choses, et il s'ingénia à parer de celles-ci ses bâtiments agrestes. En lui, je voulais voir finir la race guerrière contaminée d'une noble volupté, mais dont les ardeurs changent de cours. Un siècle auparavant, le type du seigneur épris de beauté, c'est Sigismond Malatesta, qui allie si bien la force et l'intelligence. Après la chute de Florence et des républiques italiennes sous la poussée de Charles-Quint, le fils de Pandolphe se change en l'héritier de Julie, avide d'une gloire qu'il n'a pas l'énergie de conquérir, avide d'une beauté qu'il apprécie sans qu'elle le satisfasse, l'être chagrin et déçu, enfin, en lequel s'est mué le condottiere heureux d'autrefois, amolli par le succès, corrompu par une civilisation dont il veut jouir, sans avoir la force de supporter les nécessités qui lui donnent sa saveur et son prix. Tiraillé entre ses intincts et son éducation, sa raison d'être et ses goûts, Vespasien mène une vie morose, qui finit dans l'hypocondrie, au milieu de trésors qui seront, après lui, dispersés par ses neveux. Une partie des collections d'antiques retournera à Mantoue où elles ornent le musée civique. Une autre partie ira à Vienne. Des tableaux seront vendus au roi d'Angleterre Charles Ier. Les Mantegna du Louvre en viennent aussi, grâce au Cardinal de Richelieu qui les acheta. Napoléon enfin rafla le restant. Et Sabbioneta, toute nue désormais, n'offre plus que des bâtiments vides et solitaires, cadres sans tableaux, curieux encore à regarder, riches en évocations et en souvenirs, et dont je me suis promis un délicat plaisir.

Rien que venir à Sabbioneta est déjà amusant. Établir le record des changements de véhicules et des correspondances comporte bien son petit agrément. Et lorsque la combinaison se réalise sans accroc aucun, on ne reste pas sans quelque fierté.

L'excursion, d'ailleurs, est bien plus aisée qu'il ne semblerait à en combiner les coïncidences. Lorsqu'on a étudié le guide et l'indicateur et que l'on se dit : je partirai de Parme en chemin de fer ; à la station de Brescello je descendrai du train et prendrai la voiture postale qui, ayant traversé le Pô, me mettra à Viadana ; là, je déjeunerai, je traverserai la ville à pied pour gagner un petit tramway de route qui me jettera à la porte de Sabbioneta, et, deux heures après, dans l'autre sens, je recommencerai ; lorsqu'on travaille ainsi les horaires, on prévoit au moins cinq ou six pannes dont l'une vous fera coucher au bord du Pô dans une cabane de roseaux. Risquer tant de pittoresque sans que la réalisation supprime l'agrément, n'est-ce pas l'idéal ? Ne craignez pas d'y rêver : vous n'aurez pas l'occasion de le maudire, car tout s'accomplit avec exactitude et simplicité. Et la route est charmante à travers les grasses campagnes de l'Émilie, magnifique un instant aux rives du fleuve et en son milieu.

Parti de Parme ce matin à neuf heures, je viens d'y rentrer à six heures du soir — et je ne sais plus maintenant si j'aurais préféré le secours d'une automobile amie qui m'aurait porté plus vite, mais aurait supprimé toute la fantaisie du voyage, et dont la moins agréable n'est pas de se dire à chaque instant pour se réconforter : « Ça va bien ; j'arriverai ; je rentrerai ce soir à Parme », tout en en doutant et en se familiarisant à la perspective de demander asile au passeur. Ces incertitudes et ces angoisses constituent un piment délicieux qui double le prix des choses. Ce que les modestes appellent leur chance et les vaniteux leur prévoyance, forme les agréments secondaires d'un voyage, où il est bon de se détendre un peu. L'excursion de Sabbioneta ne ferait-elle que procurer ces petits bénéfices, et à peu de frais, qu'il faudrait déjà l'accomplir.

Il n'est rien, non plus, comme ces randonnées au cœur même des campagnes que frôlent les grandes voies au profit exclusif, trop souvent, des centres prestigieux. Les chemins de fer, l'automobile aussi, nous invitent irrésistiblement aux longues étapes. Qui avouera jamais s'être décidé selon un horaire de train? Qui reconnaîtra avoir brûlé tel village parce que l'hôtel de la ville prochaine le fascinait? Aucun voyageur, cependant, ne me démentira en son tréfonds. Et l'on perd ainsi des occasions uniques de se renseigner sur le présent qui nous aide si souvent à mieux comprendre le passé, à l'inverse de la coutume.

L'objet que je poursuis ainsi, pour saisir lequel je me dirige vers Sabbioneta, quel est-il? Connaître Vespasien de Gonzague. Et lorsque je me remémore son histoire, lorsque je songe à cette petite ville, cette bourgade où ses pères étaient ducs et qu'il comblait de ses soins, ma question est celle de tout le monde : que faisait-il là ; et ses ancêtres, qu'y faisaient-ils ; quel avantage tiraient-ils de ce bourg pourri, où ils devaient, aïeux et enfant, se sentir si perdus, et où, cependant, ils restaient attachés, fidèles et soigneux ; pourquoi, en un mot, ce duché qui nous paraît, à mi-chemin de Mantoue et de Parme, ridicule et superflu ? Et c'est la même question que l'on se pose lorsqu'on voit un César Borgia, en quête d'un royaume italien, se jeter, avec tant de ténacité, sur cette Romagne aux petites villes sans influence et sans renom. En Romagne je vais ; demain je répondrai au problème que me pose depuis longtemps cette contrée. Mais déjà l'énigme résolue de Sabbioneta m'instruit. Et si les Gonzague de Mantoue prirent soin, dès les premiers jours de leur grandeur, d'installer dans un village égaré un rameau de leur arbre touffu, ce n'était certes pas parce qu'ils ne savaient que faire de lui.

La richesse, en effet de ces plaines du Pô, est considérable. Notre Beauce et notre Sologne, l'Émilie ne leur cède rien en fertilité, et elle les surpasse en diversité. C'est une fête des yeux que ces champs semés de céréales, et dont les sillons portent les petits arbres courts qui soutiennent la vigne. Celle-ci lance ses jets sur des lianes jetées d'un pioppo à l'autre, et la farandole se danse à l'infini. Souvent le pioppo, au lieu d'être une sorte de saule stérile — et qui, dans ce cas, fournit le fagot ! — le pioppo est remplacé par l'olivier ou par l'amandier, de telle sorte que la terre donne trois récoltes, le blé, le raisin et l'olive ou l'amande. Et voilà bien ce que demandait Gonzague à Sabbioneta, la base même de toute prospérité : la richesse agricole. Les marécages de Mantoue ne se prêtent guère qu'au pâturage. La plaine du Pô multiplie les ressources. Ajoutez à cela que Sabbioneta se trouve à mi-chemin de Parme et de Mantoue dont elle commande la route, et en voilà plus qu'il n'en faut pour comprendre le duché perdu, en réalité sentinelle et marché nécessaires aux seigneurs de Mantoue. A quelques kilomètres du Pô, sur la rive gauche, Sabbioneta commande à une grasse campagne, surveille la Parme des ducs de Milan, et garde le fleuve.

Descendu du train à Brescello, j'ai gagné Viadana en traversant les eaux jaunes sur un pont de bâteaux. Des pontons de fer portent le plancher geignant où deux files de voitures vont et viennent. La majesté du large cours s'augmente des rives basses que l'on découvre jusqu'à l'horizon maigrement garnies d'herbes grises, rives prolongées souvent au milieu des eaux par des bancs dorés, le sable périlleux et attirant. Au loin, cependant, en amont comme en aval, les fonds les plus doux à regarder, des bois aussi hauts qu'ils sont peu profonds, et dont la masse légère, on le devine, n'existe que pour l'œil, c'est-à-dire que la distance seule en rapproche les unités. Des arbres poussés çà et là au hasard se réunissent dans le champ de la vision humaine. Ligne frêle et mince qui semble cacher de claires profondeurs. Au fil du fleuve, les peupliers élancés tournent avec lui, et lorsque la sinuosité du lit a terminé sa courbe, ils opposent à nos fuites une barrière de forêt vierge où le Pô se perd pour nous. Ouvert et fermé, lumineux et sombre, infini et limité, le Pô s'étend à perte de vue, si large que, du milieu, les rives si basses ne distinguent guère leur sable des eaux limoneuses. Et les arbres voguent, leur ondulation suivant le mouvement des vagues qui les portent.

La poésie si noble et magnifique de ce fleuve généreux dont on devine le flot, trop resserré encore dans ce lit formidable, se répandre sous les champs d'alentour pour les féconder, sa poésie est intense ; elle respire la grandeur sereine, la force pacifique, la majesté souriante et calme. Et j'ai rêvé un moment d'une rupture des chaînes qui m'aurait jeté au fil de l'eau, dans l'un des grands bacs de fer, vers les tournants majestueux, vers les plaines de Ferrare et les marais de Comacchio.

A Viadana, après déjeuner, j'ai couru chercher le tramway à vapeur, le long de rues à arcades, ondulées comme le fleuve même, à Viadana, gros bourg prospère, propre et avenant. Et le petit train m'a promené à travers les mêmes campagnes, s'arrêtant à chaque instant, auprès d'une ferme, au bord d'une route. J'ai retrouvé une prospérité semblable, un air général, terre et gens, de santé heureuse, une sorte de bravoure que le bien-être donne seul. Pourquoi ce détail m'a-t-il frappé de paysans sillonnant les chemins de leurs bicyclettes rapides ? C'est que cet engin est un signe flagrant d'une certaine aisance. Lorsque je songe au pauvre ânon ou au maigre cheval des Calabres, des Abruzzes et de la Sicile, la bicyclette d'Émilie prend une éloquence véritable. Je sais bien que le sol toujours plat prête à son usage. Mais il faut acheter l'engin, et sa multiplicité accuse une circulation monétaire que seule la fertilité agricole de la contrée peut activer ainsi. Il n'y a point, en économie, de détails insignifiants, et celui-ci n'est pas le moins important qui me montre tant de paires de jambes dédaigneuses de marcher.

Sabbioneta, enfin, offre au tramway sa gare champêtre, sous des murs trapus. Car le village est entouré d'une enceinte de briques, bien assise au fond d'un large fossé où ne court plus aujourd'hui qu'un mince filet, mais qui est garni d'arbres fruitiers, tandis que la crête des murs ne forme qu'une immense treille. De hauts échalas composent l'armée des lances pacifiques qui remplacent les fers acérés d'autrefois. J'ai passé la porte et suivi la grande rue qui mène aux deux palais des Gonzague. Rue large aux maisons basses, restes peut-être d'une certaine splendeur, mais restes bien maigres alors. Et je suis arrivé au palais municipal, l'ancien palais des Gonzague.

Au fond d'une large place, il dresse ses arcades surmontées d'un étage, petit monument de la Renaissance, très simple, sans grand caractère. A l'intérieur, il est à peu près ruiné. J'ai parcouru plusieurs salles où se devinent encore les anciennes dispositions des pièces d'apparat et des pièces intimes. Les salles d'école, entre autres, occupent d'anciens salons. Et, des Gonzague, il ne reste rien que, dans le vestibule du premier étage, trois statues de bois peint représentant des ducs de Sabbioneta, et les plafonds. Plafonds magnifiques, à caissons fouillés en plein bois où traînent encore des traces d'or. Pour le reste, le délabrement s'accuse lamentable. Les murs s'effritent écorchés, plâtre tombant, fenêtres branlantes qui s'ouvrent soit sur une cour où sont jetés toutes les ordures des écoliers ou des fonctionnaires, soit sur les toits des chaumières environnantes, sans aucune échappée. L'étrange école sous ces lambris magnifiques, entre ces murs dégoûtants d'une crasse centenaire! Et seule la grande salle, qui tient toute la façade, m'a un peu retenu par son plafond, toujours, mais à fresque, une fresque qui représente Apollon sur son char.

Cet Apollon, je le retrouve bientôt au palais del Giardino, œuvre de Vespasien qui l'habitait de préférence au palais ducal. Au bord extrême d'une grande place toute ouverte, ce palais se compose de deux ailes seulement, dont l'une est une grande maison sans autre décor que sa corniche, et l'autre une longue galerie aux fenêtres défoncées aujourd'hui, et qui la font ressembler à une loggia sans palais derrière elle. Ces deux ailes se touchent à angle droit, la seconde visiblement bâtie comme annexe de l'autre. C'est là que Vespasien avait installé ses collections. Le guide me fait entrer dans le premier bâtiment dont le rez-de-chaussée est occupé par des paysans. Nous montons, et nous passons par plusieurs petites chambres aux murs peints à fresque, peintures bien délabrées sans doute, mais encore visibles pourtant. Des scènes gracieuses de galanteries et de bergeries s'y déroulent. Les Campi de Crémone les ont exécutées, Bernardino surtout. Les plafonds portent encore, aux angles, des stucs délicats, et, dans la plus grande de ces chambres minuscules, pauvres malgré leurs décors, je vois réapparaître Apollon sur son char.

Mais un bien étrange Apollon, pareil à celui du

palais officiel de tout à l'heure, et qui dénotent tous deux une curieuse préoccupation. Car la posture d'Apollon du char et des chevaux est la plus cocasse qu'on ait pu choisir.

On ne voit en effet, du char, que le dessous; d'Apollon et des chevaux aussi. Il y a certes, ici, de la logique, puisque Apollon passe au-dessus de nous. Mais la préoccupation scatologique, et avec tant d'insistance, est troublante. Ventre de cheval, cuisses nues de dieu bien écarté, dessous de voiture, voilà tout ce qu'on voit, du moins tout ce que, honnêtement, on peut écrire des perspectives offertes. Il n'est pas douteux que cela dut paraître, au temps de Vespasien, du dernier galant, puisqu'on récidiva.

Et la grande galerie éventrée, regardant à gauche la place, à droite la campagne, s'est ouverte devant moi, lamentable de vie funèbre, toute chantante d'un vent plaintif. Qu'elle devait être belle, peuplée de statues ! L'araignée y tisse de vaines toiles aujourd'hui. Malgré son sort, cependant, elle a grand air auprès de la misère encore enrubannée des petites chambres du palais. Voilà donc où vivaient ces princes humanistes, au goût si vif, amis de la beauté ! Personne aujourd'hui ne voudrait de ces pauvres cabinets qui faisaient leurs délices, personne n'en voudrait, malgré les peintures, le décor de treilles et de fleurs peintes, les dômes simulés et les stucs précieux.

Cependant, ici et au palais ducal, vivait une cour délicate, amie de la beauté, la galerie en témoigne ; curieuse de tous les arts, le théâtre bâti par Scamozzi l'atteste. Mais sa désolation est plus grande encore. Du dehors, le bâtiment a grand air, belle masse carrée aux lignes sobres, aux fenêtres bien distribuées, d'un dessin nerveux. J'entre, et voici l'horreur même. Fût-ce charmant? C'est effroyable de délabrement et de saleté. On ne distingue plus rien que de vagues balcons, des loges effondrées, des colonnes aux fûts émiettés, une scène en loques, un plancher rongé, les carreaux cassés, les murs où des traces de peinture jouent assez bien l'œuf frais brisé et coulant, une misère repoussante dont la gardienne, en dépit de ses sourires complaisants, semble avoir la conscience lorsqu'elle refuse de recevoir la petite *mancia* que je lui offre. Payer pour voir tant de misère ! semblent s'étonner ses yeux effarés. Et pour m'excuser, je lui demande le service de me conduire à l'Incoronata où s'élève le tombeau du fils intellectuel de la spirituelle Julie.

Dans une église pimpante, fleurie du haut en bas d'un décor excellent, — quatre étages de galeries en octogone, multicolores sans violence, et d'un goût parfait, — dans une église qui semble bien plutôt le vrai théâtre de la ville, repose, sous un marbre que surmonte sa statue, Vespasien de Gonzague à qui je demande, sans qu'il tarde longtemps à me répondre, le pourquoi de son cœur ulcéré, Vespasien, l'artiste inconsolé, le soldat dégoûté, et qui semble, par le meurtre de son fils unique, vouloir accomplir le destin d'une race inutile désormais.

Lorsqu'il regarde en arrière, Vespasien, arrivé à la maturité, ne voit que des soldats. Du côté paternel il se réclame de son cousin le duc de Mantoue ; leur aïeul commun est Louis II, celui de Mantegna. Son père s'appelait le Rodomont, vaillant soldat qui prit part au siège de Rome en 1527, après avoir combattu pour le pape qu'il protégera ensuite, lorsque Charles-Quint aura imposé la paix, et qui meurt à Vicovaro dans un combat contre Orsini, en 1538. Du côté maternel, les Colonna qui ne laissent rien aux Gonzague pour le militaire ; sa mère se nomme Isabelle Colonna, fille de Vespasien fils de Prospero, grande lignée de guerriers à l'épée prompte, et qui s'emploie, à la fin du xve siècle et au commencement du xvie, au profit et aux dépens de tous les princes.

Or, comment, dernier rejeton, Vespasien trouve-t-il le monde arrangé lorsqu'il y entre? Il est né en 1531, c'est-à-dire au moment même de la prise de Florence. Tout ce qui n'a pas réussi à posséder son royaume, à ce jour, doit y renoncer désormais ; Charles-Quint n'en permet plus aucun. L'Italie est divisée en quelques grands fiefs qui mangent les petits, sous la surveillance de l'Empereur. Les temps héroïques où l'on se taillait un domaine par l'épée sont finis. Le duché de Sabbioneta restera éternellement dépendant de Mantoue qui répond de lui. L'instinct de Vespasien est donc refoulé, avec son ambition dont il sent la vanité dès qu'il prend conscience de lui-même.

Son éducation va cependant éteindre un peu la chaleur de son sang. Il était âgé d'un an à la mort de son père le Rodomont. Celui-ci a confié sa veuve Isabelle et son fils à sa sœur Julie qui, par son mari Vespasien Colonna, père d'Isabelle, se trouvait belle-mère de celle-ci. Vespasien de Gonzague est élevé par sa tante et belle-grand'mère en artiste encore plus qu'en soldat. Elle lui donne les meilleurs maîtres, le met en rapport avec tous les esprits distingués de son temps, et l'envoie finalement en Espagne, à la cour de Philippe II, dont les mœurs primaient en tout pays civilisé, s'imposaient à tout homme bien élevé. Rentré en Italie, Vespasien prend part à quelques combats, mais sans zèle aucun, les sachant sans profit et, sans doute, prince cultivé, les estimant répugnants à livrer pour le seul plaisir. En 1557, il revient à Naples embrasser sa tante Julie, inspecter ses biens de Fondi, terre des Colonna, et court enfin s'enfermer à Sabbioneta.

Les premiers temps, il s'y montre plein de zèle et d'ardeur. Il a résolu, ne pouvant grandir la maison, de la rendre éclatante du moins par les arts et les lettres. Sabbioneta va devenir par ses soins « une nouvelle Athènes ». Collections d'affluer, théâtre de s'élever, institutions scientifiques de fleurir. Hélas ! lorsque, son œuvre à peu près achevée, il songe à ses voisins et compare, quelle dérision ! A Mantoue il voit ses cousins installés au milieu des splendeurs et des immensités du Corte reale, au milieu des merveilles amassées depuis Mantegna jusqu'à Frédéric II, en passant par l'immortelle Isabelle. A Parme, il aperçoit Farnese aux trésors magnifiques, la moitié de Rome transportée là, dans cette Pilotta, par le fils du pape qui fait de son duché le plus riche de tous. Telles sont les cités glorieuses qui flanquent la modeste Sabbioneta. Elle fait pitié, et Vespasien n'est pas loin de se prendre lui-même en dérision. Dernier né de cadets, il ne pourra jamais lutter de splendeur, et son épée pendra toujours vainement à son flanc.

Il commence, dès lors, conscient de son impuissance et de ses efforts ridicules, il commence à s'assombrir. Il s'ennuie à Sabbioneta d'où l'orgueil, cependant, l'empêche de sortir ; il a honte de ce petit village perdu, bon pour le repos que l'on demande aux champs entre deux chevauchées, ou sur ses vieux jours, mais mortel à un homme de trente ans. Il n'est pas seul d'ailleurs à y bâiller. Sa femme Diana de Cardona aussi ; elle prend un amant pour se distraire, et Vespasien l'empoisonne. Puis, il se remarie avec Anne d'Aragon qui meurt sept ans après, en même temps que Julie, 1567, de chagrin et d'ennui, abandonnée par son mari, sans qu'on sût jamais si elle avait mérité d'être ainsi délaissée par un homme qui n'avait rien à lui reprocher que de lui rappeler, en s'effaçant, son inaction et son rang subordonné.

Anne d'Aragon, cependant, avait engendré deux enfants, Isabelle et Louis. Celui-ci, enfant vif, joyeux, beau, aimable, semblait vouloir rassembler en lui toutes les qualités de ses ancêtres, celles de Julie sa grand'tante surtout. N'ayant pas connu les temps héroïques, Louis, riche de Sabbioneta et de Fondi, pourrait peut-être faire, de nouveau et d'une autre manière, briller le nom des ducs de Sabbioneta ? Et chacun d'espérer en lui, chacun, sauf son père Vespasien qui s'irritait de ce jeune homme joyeux et adoré, lui taciturne et respecté. A quoi bon tant d'amour ! Pour être, comme lui, inutile et moqué ! Et, comme tous les hypocondres, Vespasien supportait de plus en plus impatiemment ce fils insouciant et gai.

Un jour de carnaval, en 1580, Louis, âgé de quinze ans, parcourait les rues à cheval, escorté de nombreux amis. La joyeuse bande, à un détour, rencontre Vespasien. Louis, tout à ses plaisirs, ne voit pas son père et ne le salue pas. Vespasien crie: Arrête ! Louis continue son chemin, soit qu'il n'ait pas entendu, soit qu'il feigne de ne pas entendre pour éviter l'éclat. Il est plus probable qu'il n'entend pas, car, au bout de quelques instants, averti sans doute, il revient sur ses pas, et galope vers son père. Il va s'excuser, lorsque Vespasien lui ordonne, d'un ton brusque qui présage la tempête, de descendre de cheval. Louis descend, le rouge au front, et réplique: « Le lieu et le moment sont mal choisis pour exiger le respect ! » Vespasien, à ce mot, rougit de colère et lance un coup de pied dans le bas-ventre de son fils qui tombe et meurt trois jours après.

Trois ans plus tard, Vespasien essayait d'un nouveau mariage. Il n'en eut pas d'enfant. Il maria alors sa fille Isabelle à Louis Caraffa; Fondi fut la dot. A sa mort, en 1591, Sabbioneta revint à l'Empire. Louis, vivant, eut-il pu défendre son duché? Les cousins de Mantoue durent le céder, le leur aussi, et ils étaient plus puissants que lui. Vespasien savait bien le sort qui attendait sa maison. Il était hypocondre par désespoir et par honte. Au fond, Julie l'éleva très mal. Elle lui donna l'éducation d'un prince de premier rang. Elle aurait dû s'apercevoir, cependant, que tous les sièges étaient pris et que, hors pour les valets de Charles-Quint, il n'y avait plus place. Et Vespasien ne put que refouler chaque jour ses enthousiasmes, ses ardeurs. Ce fils qui lui était né semblait une raillerie amère de la fortune. Un fils? Pourquoi faire? Pour être duc de Sabbioneta entre Parme et Mantoue? Le palais del Giardino, la galerie des antiques, retentissaient la nuit de rires amers dont frémissaient les passants attardés. Et ce fils, dernière cruauté du destin, était accompli, digne de la fortune la plus haute. C'était trop. Vespasien se disait tout le jour: Un fils! qui deviendra aussi ridicule et inutile que je le suis! Et il le tua. Non pas délibérément; mais, n'ayant cessé un seul jour de regretter sa paternité, il ne put retenir le geste qui pouvait n'être qu'une violence, et qui, accompli dans le remords d'avoir engendré, devint un exécrable meurtre.

Sans doute, Vespasien désespéré d'être un cadet né tardivement, manquait de philosophie. On peut toujours se donner en ce monde une honorable tâche. Julie, sa tante et tutrice, sut s'accommoder, elle, du second plan où elle se trouvait. Ne soyons pas trop sévères cependant à Vespasien. Et reconnaissons que Sabbioneta devait le décevoir amèrement. Place forte et marché où le maître vient passer quelques jours de temps en temps, entre deux guerres ou entre deux fêtes, les temps l'obligent au rôle de résidence perpétuelle. Elle ne peut, entre Parme et Mantoue, au milieu d'un pays seulement agricole, tenir l'emploi. Elle succombe sous le poids d'une telle fonction ; en s'écroulant sous les oripeaux, elle ensevelit la race ducale avec elle.

Les Gonzague de Sabbioneta n'ont jamais tenu, sauf peut-être le Rodomont, une place marquante dans l'histoire. Seule Julie subsistera et perpétuera leur gloire. Qu'elle naquît ici dans ce petit palais ducal où se tiennent aujourd'hui les classes enfantines, pour s'en échapper un jour, se marier à Rome, au palais Colonna, au milieu de la plus brillante cour que préside la divine Isabelle sa cousine, et vivre enfin la charmante et délicate vie que Fondi nous apprit, cela ne suffit-il pas à nous rendre Sabbioneta touchante, à nous y amener un jour et à ne la quitter, en dépit de sa médiocrité, qu'avec un léger regret ?

III

J'EN FERAI D'AUTRES !

Imola.

Le paysage de la Romagne n'est pas sensiblement différent de celui de l'Émilie. Les mêmes plaines s'étendent à l'infini chargées des mêmes récoltes ; peut-être plus riches encore cependant. Le Romagnol, en effet, se distingue de ses frères italiens par une activité plus grande, une vigueur particulière. En Romagne résident les caractères les plus ardents de la péninsule, les plus hardis politiquement et socialement. On y signale des mouvements populaires très vifs, et qui dénotent une avance intellectuelle très sensible. Les grèves y sont fréquentes, et elles prennent vite une certaine gravité. Un historien malveillant dit des Romagnols que « l'amour de l'indépendance a survécu chez eux à la liberté ; il a choisi l'oisiveté pour dernier retranchement ». Cet historien n'a pas dû voyager en Romagne ; s'il avait vu les champs que je vois, il n'aurait pas parlé d'oisiveté.

Mais le Romagnol, intelligent, est affligé de turbulence. On le dit descendant des Gaulois de Brennus qui lui ont légué leur humeur violente, leur vivacité et leur amour de l'indépendance. Il est possible qu'ils doivent cela à Brennus; mais il est incontestable, qu'ils le possèdent. Et un homme politique romagnol me disait dernièrement : « Si le gouvernement avait fait pour toute l'Italie ce qu'il a fait pour la Romagne, il y a longtemps que l'Italie aurait fait faillite ».

Le Romagnol crie beaucoup, et il agit aussi. Alors on le calme en le satisfaisant à peu près. S'il se contentait de recevoir sans rendre, nous le blâmerions. Mais il rend en activité, en travail, et son pays est l'un des plus prospères de l'Italie. Entendons-nous. Il l'est au point de vue agricole. La terre est riche et on sait la cultiver. Mais le commerce et l'industrie ne s'y développent pas beaucoup plus qu'ils ne s'y développaient autrefois. L'agriculture est la base de la richesse, mais elle ne suffit pas à la produire. Les autres facteurs de l'économie doivent intervenir pour la répandre. La Romagne resta toujours fidèle exclusivement au sol et à ses produits. De là, peut-être, son impatience actuelle. Elle travaille, récolte au maximum et ne s'enrichit pas. Et elle se tourne vers le gouvernement qui peut pallier mais non pas remédier. En tout cas, quelque soit le présent, le passé nous renseigne exactement : la Romagne fertile peut fournir une base admirable, César Borgia l'avait bien compris qui la prenait pour fondement de son royaume futur, pour construire celui-ci.

Essentiellement et exclusivement agricole, la Romagne fut prospère ; elle ne fut pas riche. De là vient la surprise qui saisit dès qu'on l'aborde, et qu'on ne s'explique pas avant d'avoir vu. Si on lit, en effet, les livres d'art, on est frappé tout de suite par l'indigence artistique de cette partie de l'Italie. La Romagne est entourée de provinces dont le nom fait retentir en chacun de nous des échos magnifiques. L'Émilie, les Marches, la Toscane, la Vénétie regorgent de trésors. En Romagne il n'est qu'indigence. Les villes où je vais et dont voici la première sont d'une pauvreté qui m'a longtemps rebuté. Et si je viens, c'est pour en avoir le cœur net un peu, c'est surtout à cause d'une grande mémoire.

Mais je sais ce qui m'attend. Je passerai vite, car il n'y a rien. Pourquoi ? Pour ce que je viens de dire. Les arts n'ont fleuri que dans les pays riches. Et la richesse, le commerce et l'industrie peuvent seuls la créer. La Romagne possédait un sol suffisant assez largement à ses habitants pour qu'ils se dispensassent de recourir à d'autres ressources. Ils vivaient bien, mais sans épargner. Et aujourd'hui, ils continuent, quoique à un degré moindre, à attendre tout de la terre qui leur donne beaucoup, mais non pas tout. Et comme ils sont de tempérament vif, d'esprit observateur et de goûts confortables, ils réclament en criant contre une prétendue injustice sociale, et qui n'est qu'un défaut congénital.

J'ai passé deux heures dans la ville. C'est plus qu'il ne faut. Une grande rue, l'ancienne via Emilia, conduit à un carrefour fermé par une tour énorme sous laquelle on passe pour arriver sur la grande place. Elle est belle, bornée sur deux côtés seulement de palais à arcades très hautes, d'une finesse et d'une élégance charmantes. Le palais Sersanti surtout, en face du municipe fâcheusement reconstruit au XVIIIe siècle, retient l'attention. Il ne compte pas moins de quatorze arcades surmontées d'un seul étage, aux fenêtres d'un même dessin et encadrées de terre-cuite décorative. La légèreté de ce monument considérable est extrême. Comment, d'ailleurs, regarderions-nous ce palais avec indifférence, lorsque nous savons qu'il fut construit, pour servir d'école publique, par Catherine Sforza dont la mémoire nous conduit principalement ici ?

Le palais communal contient une belle bibliothèque de style baroque et une pauvre pinacothèque. La cathédrale, San Cassiano, a été complètement transformée de nos jours. La Rocca est majestueuse encore, dans sa ruine. San Domenico présente un beau portail gothique. La Madonna del Piratello possède un autel digne de Bramante, s'il n'est pas de lui. L'Osservanza est charmante avec son tempietto au bord de belles allées d'arbres magnifiques, et le palais Sforza enfin nous appelle non seulement par les souvenirs qu'il évoque, mais aussi par sa propre beauté. Catherine et son mari Girolamo Riario le bâtirent dans le souvenir évident de Florence.

La première fois que Catherine sortit de Milan, ce fut pour aller rendre visite à Laurent. Elle était âgée de cinq ou six ans. Jamais elle n'oublia ce qu'elle vit, et le palais d'Imola qu'elle construisit dès qu'elle fut comtesse, synthétise l'éblouissement que nous retrouvons tout le long de sa vie complaisante à Florence, en dépit des afflictions qu'elle dut à celle-ci. Ce palais, donc, nous le connaissons, le premier étage à bossages surmonté de deux rangs de fenêtres biforées, et couronné d'une corniche. Malheureusement les décors ne sont plus qu'indiqués. On ne voit pas une seule des colonnettes qui divisaient chaque fenêtre. La jeune Catherine, dit la légende, montait elle-même aux échafaudages pour exciter les maçons, mettait la main au plâtre, et avait fait un pacte avec le diable qui, chaque nuit, amoncelait les matériaux et creusait les fondations. Est-ce en souvenir de ce diable que, en

1502, Catherine logea, dans ce palais, Machiavel ?

Voilà tout ce que j'ai vu à Imola. Je ne crois pas qu'on y voie beaucoup d'autres choses. Et cependant j'y ai vu une merveille. Je veux dire une femme accomplie, la gloire de son sexe, et qui résume en elle toutes les héroïnes de l'Italie, la belle et vaillante Catherine Sforza. C'est pour elle que je suis venu et que je vous prie, à la porte du palais Sforza, d'entrer avec moi.

* * *

La première fois qu'apparaît le nom d'Imola, c'est lors de la cession qu'en fait au pape le roi lombard Astolphe, en 754. Le pape la met sous la juridiction de Ravenne, où elle reste jusqu'à ce que la famille des Alidosi la rende indépendante. Commence alors pour elle la vie classique des villes italiennes, solitaires un jour, alliées le lendemain, combattant l'alliée d'hier, prises, délivrées, puis reprises par l'empereur, le pape, le voisin, ou même le seigneur qu'on avait chassé. Les Alidosi se maintiennent tant bien que mal au milieu de tant de vicissitudes, jusqu'à leur expulsion par le Visconti de Milan qui donne Imola au pape, puis la reprend, la donne au Manfredi de Faenza, la reprend encore, imbroglio inextricable où le mariage de Catherine Sforza avec le neveu du pape met de l'ordre enfin, comme fait le juge qui gobe l'huître au nez des plaideurs.

Il ne faut pas grand'chose pour passer dans l'histoire. Un geste bien placé suffit à immortaliser. Que de noms impérissables pour un mot, un acte, mais qui fulgurent à travers tous les siècles ! Catherine Sforza, comtesse d'Imola et de Forli, figure parmi ces héros. Réfugiée dans la citadelle de Forli, elle négociait par la fenêtre avec les assiégeants qui détenaient ses enfants entre leurs mains. Et comme on amenait ceux-ci sous ses yeux, menaçant Catherine de leur égorgement si elle ne se rendait pas, elle découvrit son giron en criant : « J'ai de quoi en faire d'autres ! »

L'impudeur est sublime. Il n'est personne qui puisse lire cela sans frémir d'un chaste élan vers cette femme indomptable. On a nié le fait, le comte Pasolini, l'historien de Catherine, le premier, et qui est, cependant, obligé de reconnaître que jamais Catherine, du vivant de laquelle le geste se racontait ouvertement, ne l'a démenti. C'est qu'elle se connaissait. Il faudrait, en effet, toute une existence contradictoire pour que nous renonçions à une telle légende. Et comme tout portrait de Catherine, toute analyse de son intelligence, de ses mœurs et de ses travaux ne pourrait être mieux résumée que par ce trait digne de l'invention d'un romancier de génie en veine de synthèse, il est préférable de nous y tenir. Par lui nous possédons de Catherine Sforza une image exacte, quoique, peut-être, infidèle en elle-même, et qui nous dispense d'explications infinies dont le résultat serait : elle n'a pas découvert son sein, mais elle était capable de le montrer. Le sentiment populaire est bien fin qui sait résumer ainsi un caractère.

Et si l'on peut reprocher au geste de Forli un tort quelconque, c'est de nous rendre trop vite indifférents à la vie tout entière de celle qui le fit. L'action caractéristique et concise, qui nous éclaire, nous dispense de voir plus loin. Sachant tout d'un mot, pourquoi chercher davantage ? Catherine n'est pas cependant de celles qui n'ont agi qu'une fois. Son histoire mérite qu'on la connaisse avec quelque détail, avec d'autant plus de détails qu'elle est étroitement liée à celle de cette Romagne où je viens d'entrer, et que raconter Catherine c'est non seulement raconter une belle histoire de femme, mais aussi raconter une belle histoire d'Italie.

Catherine, née vers 1463, était fille de Galéas Sforza, le fils de la Blanche-Marie que nous avons connue à Crémone. Fille naturelle que Galéas avait eue d'une maîtresse avant son mariage avec Bonne de Savoie. Catherine n'en est pas moins élevée au château de Milan, et c'est sa grand'mère qui prend soin d'elle. Blanche-Marie exilée, Galéas adopte Catherine, et confie son éducation à la duchesse sa femme qui prend soin d'elle comme de sa propre enfant.

Les premiers pas de Catherine dans le monde se firent à Florence où l'emmena son père en 1471. Galèas venait d'acheter aux Manfredi de Faenza le comté d'Imola, ce qui fâchait Laurent de Medici. Imola, en effet, possédait une certaine importance par suite, un peu, de la richesse agricole, mais surtout de sa situation géographique, à l'entrée d'une des deux routes qui conduisaient de Milan et de Venise à Florence. Galéas voulait apaiser Laurent. Il le fit adroitement, l'éblouissant d'une part par sa magnificence, et donc par sa richesse, et donc par sa puissance, reconnaissant de l'autre que Laurent était encore plus magnifique que lui, Medici que Sforza. Catherine, à l'aurore de sa vie, fut éblouie, le palais Sforza nous l'a dit, par la Florence où elle finit ses jours, portant le nom d'un Medici, ayant mis au monde un fameux capitaine, Jean des Bandes Noires, qui sera le père du premier Grand-Duc.

Rentrée à Milan, Catherine ne devait pas rester longtemps inactive. Elle allait sur ses douze ans lorsqu'on la maria. Sixte IV-della Rovere, humble franciscain, venait d'être nommé pape. Il possédait trois frères et quatre sœurs qui lui avaient donné quinze neveux. Parmi ceux-ci étaient les Riarii, Pierre et Jérôme, fils de Paul qui avait soutenu la jeunesse besogneuse du franciscain. Il s'agissait maintenant pour la famille de se rattraper de ses avances. Pierre fut nommé cardinal à vingt-sept ans; nous le connaissons; c'est le célèbre constructeur du palais de la Chancellerie, celui dont le faste fut le plus grand de tous les princes de la Renaissance, au point qu'il en mourut au bout de quelques mois. Quant à Jérôme, qu'allait-on en faire? « Marions-le, dit le pape; nous aidant, et son beau-père, il s'en tirera ». Mais à qui le marier? On chercha et on trouva tout de suite. Sixte venait de marier une nièce à Naples. Florence s'en inquiétait. « Renforçons donc le mariage du midi, par un mariage au nord, et qui en imposera à Venise aussi ». Jérôme fut envoyé à Milan. On lui offrit d'abord une petite cousine, Constance. Il voulait bien, mais la mère de Constance poussa de tels cris en apprenant les prétentions de Jérôme qui entendait prendre possession tout de suite de sa femme âgée de onze ans, que le mariage fut rompu. Galéas, désireux d'obtenir l'appui du pape contre Florence qui réclamait Imola, malgré la visite de 1471, offrit alors Catherine qui fut agréée. Cela se passait en 1473. Et la dot fut Imola, mise ainsi à l'abri des Florentins, sous la protection du pape. Jérôme devint comte d'Imola, gardien des portes de Florence ennemie. Galéas recevait en échange la promesse d'être créé roi de Lombardie par Pierre Riario lorsque, Pierre n'en doutait pas, Sixte aurait cédé la tiare à son neveu. Cela manqua, d'ailleurs, Pierre étant mort peu de temps après, de ses excès.

Galéas assassiné, Jérôme accourut pour prendre possession de sa femme — et du duché de Milan, espérait-il sans le dire. Catherine nubile, en 1476, partit pour Rome avec son mari. Déjà très adroite, elle recevait en passant les hommages des villes, répondant modestement : « Je reçois vos compliments au nom de la duchesse de Milan, ma mère ». Son entrée à Imola fut triomphale. Elle y passa quinze jours dans les fêtes, et arriva enfin à Rome où elle trouva tous ses beaux-frères et cousins, les uns farouches, les autres crapuleux, le dernier réservé, taciturne, appliqué au travail quoique débauché, et qui promettait ce qu'il tint, le cardinal de San Pietro in Vincoli, le futur Jules II. Elle ne compta guère, les premiers temps, au milieu de ce monde avide et turbulent, qui ne la considérait que comme un gage de l'alliance milanaise. Le pape l'aimait beaucoup, sans doute, mais comme une enfant; son mari, déjà inquiet et sombre, avare et bassement ambitieux, ne s'occupait pas beaucoup d'elle; et les autres admiraient une beauté qu'ils désiraient sans la troubler pourtant. La tragédie des Pazzi, machinée par Sixte et Jérôme qui se serait emparé de Florence et lui aurait joint Milan, se passa sans qu'elle la sût autrement que le peuple tout entier. Jolie créature de quinze ans, elle se contentait de plaire et de s'amuser, en attendant les événements qui lui donneront place dans l'histoire enfin.

Le domaine de Jérôme allait d'ailleurs s'accroître. Au comté d'Imola fut bientôt, en effet, adjoint celui de Forli doit, Pino Ordelaffi étant mort, Sixte IV déclara la famille princière déchue de ses droits, et la remplaça par son neveu Jérôme et les enfants de celui-ci. Florence sentit le coup, et Jérôme et Catherine s'étant rendus à Forli, pour en prendre possession, ils se heurtèrent à des complots ourdis à l'instigation de Florence. Jérôme, afin de conquérir l'amour de son nouveau peuple, l'exempta de tout impôt. Mais on n'aime pas les rois pour le bien qu'ils vous font. Il est rare qu'on soit jamais satisfait, et d'un gouvernement qui ne nous demande pas d'argent on exige bientôt qu'il en donne. Jérôme, en plus, était triste, secret, invisible, soupçonneux, et idiot par-dessus le marché. Il ne sut pas plaire et on le détesta, en dépit de Catherine qui aurait pu s'attirer l'affection du peuple si son mari ne l'avait à peu près cloîtrée avec lui, par crainte des assassins, disait-il, par jalousie, semblait-il. Cependant, poussé par son oncle le pape, Jérôme rêvait de s'agrandir, de serrer Florence de plus en plus dans un cercle d'hostilités, et de se faire de plus en plus menaçant en augmentant son domaine. Visant ce but, il entreprit un voyage à Venise pour demander à la Seigneurie de quel œil elle verrait l'adjonction de Ferrare à Forli et à Imola.

Venise se montra peu favorable à cette conquête, et Riario revint à Imola où un nouveau complot l'attendait. Il échappa aux meurtriers, mais il s'assombrit davantage, suant la peur, augmentant chaque jour le malentendu entre lui et son peuple. La main de Laurent de Medici apparaissait, d'ailleurs, dans ces complots, et c'est alors, au dire des historiens, du comte Pasolini principalement dont la remarquable histoire de Catherine Sforza, traduite en français par Marc Hélys, est mon guide le plus sûr et le plus éclairé, c'est alors que Catherine commença à s'occuper des affaires. A côté de son mari qui n'agissait que sous l'impulsion du Vatican, elle suivit une sorte de politique personnelle dans le but de préserver l'héritage de ses enfants, si, comme il était facile de le prévoir, Florence se fâchait enfin, ou si un complot réussissait, ou si, et cela était sûr, la mort du pape entraînait avec celui-ci dans la tombe tant d'espoirs et même de réalisations. Catherine, en prévision de l'avenir, négocia avec Laurent pour assurer, en cas de malheur, la protection de Florence non pas peut-être à la femme de Riario, à la nièce du pape, mais à la fille du duc de Milan, à Catherine Sforza enfin.

Catherine ne s'abusait nullement, en effet, sur son mari. Elle le connaissait brutal, sournois, grossier, jouisseur, lâche, d'âme vile. Elle ne l'avait jamais aimé, elle si délicate, fine, brave et fière. Elle savait fort bien que, à la mort du pape, tout l'échafaudage s'écroulerait, d'autant plus vite que Florence avait intérêt à la ruine. Et tandis que Jérôme, à Rome, se livrait à la débauche, Catherine, pour montrer à tous qu'il ne fallait pas la confondre avec son mari, menait une vie retirée et pieuse. Elle priait et travaillait. Elle se préparait par l'étude et la méditation à la crise qu'elle savait bien, et par la bassesse de son mari, et par les événements fatals, inéluctable.

En 1484, Catherine ayant donc vingt ans environ, l'inéluctable arriva : Sixte IV mourut. Jérôme affolé ne savait que faire. Il fallait, d'abord, s'assurer l'élection d'un pape qui ne dépouillerait pas Riario de ses comtés. Catherine alors se montra. Elle sauta à cheval et prit possession du château Saint-Ange, la forteresse qui commande le Vatican et Rome toute entière. Tout de suite, elle se révéla, forte, sensée, adroite, énergique, brave, imposante, enfin une Sforza, son grand-père et sa grand' mère à la fois. Et c'était une Sforza en effet que Rome salua et devant qui les cardinaux tremblèrent. Ils voulurent négocier. Catherine refusa de les entendre, ne voulant rendre le Saint-Ange qu'après l'élection. Son mari, cependant, cédant tout parce qu'on lui promettait beaucoup d'argent, elle dut se soumettre. Et elle partit avec Jérôme sous garantie que, quel que fut le nouveau pape, ils garderaient Forli et Imola.

La promesse fut tenue par le nouveau pape Innocent VIII, qui ajouta cependant une clause ironique, œuvre du cher cousin Julien della Rovere, le futur Jules II : les époux Riario étaient autorisés à habiter la Romagne et dispensés de venir à Rome. Catherine et Jérôme partirent donc pour Imola, connaissant, d'ailleurs, la valeur exacte, c'est-à-dire fort précaire, de ces engagements. Et, en effet, à peine arrivés, ils sentirent se serrer autour d'eux le nœud d'intrigues diverses. Florence, les Ordelaffi, les Manfredi qui voulaient reprendre pour rien ce qu'ils avaient vendu, et quelques autres aventuriers à la recherche d'une bonne proie à saisir, tournaient alentour La première chose à faire était de se débarrasser de Jérôme. Tout le monde s'y employa, tandis que Catherine essayait de sauver tout au moins ses enfants, si elle ne pouvait sauver son mari. Et, des enfants, elle en faisait déjà, si elle ne s'en vantait pas encore. En 1485, elle avait trois fils. Entre temps, elle fortifiait la ville, intriguait à Florence et réussissait un instant à amadouer le Magnifique qui, après avoir accepté d'être le parrain du troisième fils de Catherine, donnait, par contre, sa fille en mariage au fils du pape. Encore un fils et gendre à pourvoir ; Imola et Forli feraient peut-être son affaire? Il ne restait plus à Riario d'espoir qu'en son peuple. Si celui-ci restait fidèle, on pouvait encore espérer.

Resterait-il fidèle? Tant que Jérôme avait possédé de l'argent, les choses se maintenaient, intérieurement, à peu près. Il avait rapporté de Rome des sommes considérables. Elles s'épuisèrent cependant. Et il fallut bien recourir aux impôts que le comte, dans l'élan de sa promotion, avait juré de ne jamais rétablir. L'accueil fut mauvais, et Jérôme s'assombrit encore davantage, devint de plus en plus lâche et vil, au point qu'un jour Catherine pleura sur l'épaule d'un ami, d'un Milanais. Ce fut peut-être le seul attendrissement de sa vie. Elle se ressaisit aussitôt et résolut de prendre la place de son mari incapable. Elle le conduisit à Imola, où leur pouvoir était moins discuté qu'à Forli, à cause d'elle qui était Sforza, et de là s'achemina vers Milan afin de s'entendre avec son oncle Ludovic, régent du duché. A peine arrivée, on la rappelle ; Jérôme est malade, dit-on. Elle saute à cheval, accourt à Imola, y appelle tous les médecins, fait son devoir enfin. Elle était enceinte de six mois, le sixième de ses enfants, à vingt-quatre ans. Elle prévoit à tout, va à Forli, revient, repart, traînant toujours à cheval son ventre palpitant, « enceinte et grosse jusqu'à la gorge », dit le chroniqueur. Elle est partout, on n'obéit plus qu'à elle, et elle sait y faire.

Les temps approchaient. Après sa guérison, Jérôme revint à Forli, en novembre 1487. Au commencement de 1488 un complot fut ourdi, fomenté bien entendu, par Laurent qui pensait toujours à rendre à Jérôme le coup des Pazzi.

Les Pazzi de Forli s'appelaient Orsi, et ils réussirent. Jérôme fut assassiné un soir qu'il était assis à sa fenêtre, en train de lire. Catherine était couchée. On l'avertit. Elle se barricade, fait barricader ses six enfants, puis se sauve, eux avec elle, les envoie dans un des forts de la ville, et court vers la citadelle que commandait un homme à elle. Elle n'y entra pas ce jour là où elle resta aux mains de ses ennemis, mais quelques jours plus tard et par ruse, ayant réussi à s'échapper.

Les négociations commencèrent. Catherine répondait en pointant ses canons sur la ville. Elle avait eu le temps de dépêcher un courrier à Milan. Dans cinq ou six jours ses libérateurs arriveraient. Quant à ses six enfants, elle les croyait en sûreté entre les mains de fidèles. Est-il besoin de dire qu'elle en portait un septième ? La révolution, alors, joua des enfants. On a la scène. Et, jupes remises en ordre, Catherine attendait dans la citadelle l'arrivée des Milanais, se distrayant à regarder d'un œil complaisant le frère du gouverneur Feo, un beau garçon de dix-huit ans. Allait-il lui être donné enfin, après tant d'années d'une répugnante union, d'aimer un peu ?

Les Milanais arrivèrent. Catherine sortit de la cidatelle, retrouva ses enfants, passa au milieu d'un peuple délirant de joie, et elle rentra au palais. Qu'allait-elle faire ? L'armée milanaise était aux portes, qui attendait le signal du sac. Et l'on savait ce que c'était que le sac : la mort ou la ruine. Catherine renvoya l'armée, interdit tout pillage, sauf des maisons des condamnés qu'elle désignerait bientôt. Et la vengeance, la punition aussi, furent accomplies. Catherine eut la sagesse de les réduire au minimum. Il ne s'agissait que de son mari ; plus tard lorsqu'elle vengera son amant Feo, elle sera féroce. Au mois de mai 1488, tout était terminé. Catherine mettait au monde son septième enfant, les assassins étaient égorgés et le pape envoyait l'investiture de Forli et d'Imola pour le fils aîné, Ottaviano et ses descendants. Catherine avait sauvé la partie ; elle comptait exactement vingt-cinq ans.

Quittons-la ici, aujourd'hui du moins. Nous la retrouverons bientôt à Forli. L'histoire des deux villes est confondue comme on vient de le voir et, comme on vient de le voir aussi, c'est Forli qui joue le rôle le plus important. La place était plus forte avec ses trois ou quatre citadelles autour de la ville, et son peuple était moins sûr. On pouvait laisser Imola à elle-même sans danger, non pas Forli où se passeront désormais tous les drames intimes et publics dont la digne fille des Sforza va devenir l'auteur ou la victime.

IV

LA STATUE OUBLIÉE

Faenza.

Elle est charmante, cette Faenza. Mais par quoi une ville est-elle charmante? Depuis que je me promène en Italie, j'en ai vu une centaine. Et chaque fois je me suis demandé, sans jamais pouvoir me répondre d'une façon précise et satisfaisante, quels sont les signes patents et incontestables auxquels se reconnaît le charme d'une ville. La difficulté tient sans doute à ce qu'on ne peut énumérer des qualités communes et nécessaires. Peut-être, cependant, des feuillages qui nous accueillent à l'arrivée ; la première impression agit fortement et se répand sur toute la visite. Peut-être, aussi, une certaine ouverture des voies, la propreté des maisons, la coquetterie des habitants. Mais surtout, je crois, la disposition du moment, la ville que l'on quitte et qui vous a déplu — mais par quoi aussi ? — la surprise de ne pas se heurter aux mêmes déplaisirs, et, qui sait ! l'heure de la visite, après ou avant le repas, la fatigue ou la détente, l'espoir d'un bon gîte ou son effet. Combien de fois m'a-t-il suffi d'entrer dans une ville sous une humeur mauvaise, d'éprouver, après des nuits pénibles, la surprise d'un hôtel confortable alors que je m'attendais au pis, pour aussitôt trouver les lieux aimables et me sentir prêt à toutes les indulgences? Ce sont là des explications. Je vois bien que ce n'est pas la bonne raison. Une ville est charmante par mille petits traits indéfinissables que compose ce que je viens de dire, mais aussi quelque chose qui est en elle et qu'on ne précise pas, l'aspect général de ses rues, l'imprévu de ses distributions de monuments et de leur assemblage, mille choses vagues et qui plaisent pourtant. Faenza m'a paru, du moins à l'heure où j'arrivais, dans les conditions morales et physiques où je l'abordais, m'a paru charmante. Tout de suite, en sortant de la gare, j'ai souri aux arbres de la jolie promenade qui va du chemin de fer à la ville, et sous lesquels je me promets de me reposer tout à l'heure en attendant le train. Et voilà encore, ces bancs invitatoires, si peu de chose que ce soit, qui la rend plus agréable à s'y promener!

Et puis, j'y ai éprouvé une petite satisfaction. Cela encore est un élément de l'agrément... J'y ai découvert un peintre, et même deux. Je veux dire par là que ce peintre, s'il n'est pas inconnu, ne figure pas du moins dans les recueils spéciaux;

Burckhardt entre autres, et c'est considérable, Burckhardt n'en parle pas ! Prendre Burckhardt en oubli ! Il se trompe quelquefois ; mais il n'oublie rien. Cette fois, je le tiens, et je n'hésite pas à m'en vanter. Or, ce peintre, ces peintres s'appellent Bertucci, Giambattista et Giacomo, celui-ci appelé aussi Jacopone di Faenza, et qui est bien médiocre, déclamatoire sans force, vulgaire sans accent, de la bonne peinture industrielle. Mais l'autre, Giambattista, c'est un maître, je vous l'assure. Son *Adoration des mages* est certainement l'une des plus impressionnantes que j'aie vues, par l'ordonnance, par la vigueur des dessous, la puissance du dessin et la hardiesse harmonieuse du coloris. Il y a, sans doute, du Pérugin là-dedans, mais le bon, toutes ses qualités sans ses défauts de langueur. Une salle entière du Musée de Faenza est occupée par les Bertucci. La joie de surprendre ainsi de belles choses perdues au fond d'une petite ville délaissée, est l'un des grands délassements des voyages minutieux, si souvent déprimants. Elle vous remonte, vous donne du cœur pour de nouvelles haltes que l'on avait bien envie de déclarer superflues, afin de s'en épargner la fatigue. La salle Bertucci du Musée de Faenza forme un rayon de soleil dans ce voyage de Romagne : pour tout dire, je sens qu'un jour je reviendrai m'y réchauffer encore.

Tout le musée, d'ailleurs, est à voir. Un intéressant *Portement de croix* par Palmezzano que je vais retrouver à Forli ; un Giordano tout à fait savoureux, une *Sainte Famille* toute veloutée et grasse d'une délicatesse exquise, et qui me réconcilie tout à fait avec ce Napolitain que j'avais, d'ailleurs, déjà distingué de la bande malfaisante attachée aux chausses de Dominiquin ; dans une salle une collection de majoliques, les célèbres majoliques de Faenza qui se distinguent des autres romagnoles par leurs bleus d'une tendresse ravissante, aux nuances si fines, pauvres majoliques bien cassées, morceaux pieusement rassemblés ou ramassés ; et enfin deux Donatello, un saint Jérôme et un saint Jean. N'est-ce pas plus qu'il n'en faut pour nous retenir un instant, et pour la trouver charmante, cette Faenza ?

Un moment, Faenza jouit d'une certaine activité artistique ; on y compte jusqu'à dix-neuf peintres, au temps, justement, des Bertucci. Mais Venise a bientôt fait de tout absorber. Et Faenza disparaît. Elle posséda aussi, soyons justes, pendant la Renaissance, sous les Manfredi, bien qu'ils fussent peu artistes, un certain éclat. C'est de cette époque que date la cathédrale, bâtie sur le modèle des églises florentines, et, comme elles, à la façade inachevée, non revêtue de ses marbres. L'intérieur est une basilique à trois nefs, œuvre de Giuliano da Maiano, achevée par San Gallo, et à qui la multiplicité des chapelles autour de l'abside, la fantaisie des petites arcades reposant sur une colonne commune, et encadrées dans une autre arcade plus grande qui s'appuie sur deux piliers, donnent une allure ouverte et gaie. En dehors de cette architecture, il n'y a guère d'intéressant que le monument de saint Savin, œuvre de Benedetto da Maiano, aux bas-reliefs amusants, et qui relatent les prouesses du défunt, celui-ci, entre autres, où Maiano s'est appliqué à reproduire un excellent antique: Savin renverse une idole, Cupidon ou Pâris, dressée sur un trépied et tenant une pomme. La pose de l'éphèbe est piquante ; celle de Savin ne lui cède en rien: il pousse la statue d'une pichenette tandis que l'autre main, nonchalante, s'appuie sur la hanche.

Mais Bramante est-il venu à Faenza? On le conteste, si l'on dit aussi qu'il y resta dix ans, hospitalisé par les Manfredi. L'accord est loin encore d'être fait; qu'importe, d'ailleurs, que Bramante soit venu ici, puisqu'il n'y a rien laissé? Car, si gracieuses et jolies qu'elles soient, on ne peut tout de même pas lui attribuer les loggie qui bordent la longue place. Deux étages de hautes galeries, dans le genre de celles d'Imola, mais avec vingt fois moins d'espace devant elles, ce qui les élève et par conséquent les amincit. Bramante eût dressé là des piliers énormes et non pas ces sveltes colonnes. Elles paraissent vraiment trop légères ; on les prendrait plutôt pour un éphémère décor de fête.

Derrière ces galeries s'élevait le palais des Manfredi, du moins le palais de leur gouvernement, car on en montre un autre dans la ville, mais recontruit au XVIIIe siècle. Il ne reste pas plus du premier que du second. Le palais officiel est devenu municipe sans doute, mais il n'a rien gardé des temps de César Borgia et du bel Astorre, rien que le souvenir de quelques forfaits.

*
* *

Faenza, située entre Imola et Forli, coupait en deux le domaine de Catherine. Mais la réunion de ces deux comtés s'était faite, on l'a vu, au profit de Riario seulement. Toute la Romagne, d'ailleurs, était d'église, relevait du Saint-Siège. Elle avait fait partie des biens de la comtesse Mathilde. Des gouverneurs en géraient les parties au nom du pape, et, peu à peu, ces gouverneurs étaient devenus de véritables seigneurs, d'autant plus indépendants, en fait, que le pape se trouvait hors d'état de les rejeter dans le rang. Le pape, d'ailleurs, préférait de beaucoup en tirer de l'argent.

Vint l'exil d'Avignon. Ce jour-là, les « préfets » de Romagne n'eurent même plus besoin de sauver quelques apparences. Celui de Faenza, qui administrait aussi Imola, c'est-à-dire deux villes voisines l'une de l'autre, se proclama lui-même Seigneur d'Imola et de Faenza, en 1334. Il s'appelait Ricciardo Manfredi. Pendant tout l'exil d'Avignon, les Manfredi vécurent en paix. Descendit cependant un jour Albornoz. On s'arrangea. Les Manfredi furent investis par le pape, moyennant une redevance, et ils restèrent seigneurs. A la fin du xve siècle, Galeotto Manfredi affermit sa puissance en s'unissant au Bentivoglio, de Bologne voisine, dont il épouse la fille Francesca. Ce mariage était d'autant plus nécessaire que, quelques années auparavant, le Manfredi avait vendu Imola à Milan, ce dont Florence se montrait fort mécontente. Bologne devait protéger un peu Manfredi; elle voulut le protéger beaucoup en l'engloutissant. Francesca, poussée par son père, manifeste une jalousie déréglée de son mari volage, et pousse l'amour jusqu'à empoisonner l'infidèle. Sans Florence, l'affaire réussissait; personne ne donnait cher de la vie d'Astorre, fils de Francesca et de Galeotto, âgé de trois ans. Francesca avait pu se montrer fille docile, mais non assurément mère prévoyante, car Florence se substitua à elle. Florence intervint en faveur d'Astorre, lui donna la ville même pour tutrice, et laissa clairement entendre que, en cas de mort de l'enfant, ce ne serait pas Bentivoglio qui hériterait. Et Astorre grandit en force, beauté et intelligence, idole naturellement du peuple de Faenza qui l'avait vu jouer avec tous ses enfants.

En 1500, Astorre comptait dix-huit années. César Borgia, en quête d'une principauté qui le conduirait au royaume, avait jeté son dévolu sur la Romagne, avec autant de perspicacité que de prudence. Le pays était prospère, son état politique de terre pontificale se prêtait merveilleusement aux ambitions cachées du duc de Valentinois. Que pouvait-on lui dire, à ce duc, s'il s'efforçait de reprendre les biens échappés au Saint-Siège ? Faenza put se croire, un moment, heureusement dédaignée. Courant d'Imola à Forli, de Forli à Imola, César respectait scrupuleusement le territoire de Faenza, encore plus la ville. Il passait sans l'attaquer. Il avait même donné de réconfortantes assurances.

Oh ! Faenza ne s'illusionnait pas trop. Elle avait appelé auprès d'Astorre le provéditeur de Venise ; la présence de celui-ci suffisait pour calmer l'impatience de César. Elle la calma, jusqu'au jour où César eût détaché Venise de Faenza. Astorre, alors, se tourna vers son grand-père de Bologne, et lui demanda secours. Bentivoglio lui envoya un de ses condottieri. Astorre n'avait pas besoin de chef mais de soldats. Loyalement, en présence de cette dérision, il offrit à ses concitoyens de s'en aller au loin ; le massacre serait évité. Faenza poussa une clameur d'indignation qui retentit jusqu'à Bologne d'où partirent mille fantassins. Le 10 novembre la place était investie par César. Le Valentinois jouissait d'assez d'habileté pour savoir ne recourir à la force qu'à défaut d'autre moyen. Il commença donc par offrir des conditions flatteuses, si Faenza voulait capituler. Faenza rejeta ces présents. Alors il menaça. On lui rit au nez. Il tenta l'assaut ; il fut repoussé. César se montra perplexe. Le moyen n'est pas bon, se disait-il, de conquérir un royaume en le ruinant. Régner sur des cendres, à quoi bon ? Et sur des rancœurs. Sous prétexte de l'hiver qui éprouvait ses troupes, il s'éloigna. Le temps se chargerait peut-être d'arranger les choses.

Lorsque César revint en avril 1501, le temps n'avait rien arrangé du tout. Le siège reprit, et Faenza se montra si vaillante qu'elle arracha un cri d'admiration à toute l'Italie dont Isabelle d'Este, duchesse de Mantoue, résuma la joie par sa phrase célèbre : « Les Faentins ont sauvé l'honneur de l'Italie ». Ils sauvaient vraiment l'honneur, car ils n'en pouvaient plus. La ville mourrait de faim. César l'apprit par des transfuges qu'il fit pendre, pour la réclame. Et il attendit. Après avoir pris l'avis des anciens, Astorre, dans la nuit du 21 au

22 avril, se rendit au camp de César et proposa la paix. César fut magnanime. Il jura de ne faire aucun mal à une ville dont il attendait fidélité et subsides, se contentant d'en occuper la citadelle, de la prendre pour lui. Quant à Astorre, idole chérie des Faentins, il lui laissait la vie sauve, et liberté de se retirer où il lui plairait. Le condottiere Paolo Orsini, aux gages de César, se portait garant de cette mansuétude. Mais que peut faire un condottiere quand on ne se bat plus, si ce n'est s'en aller ? Orsini partit, et Astorre que César cajolait, le jeune et naïf enfant pris aux grâces de César, Astorre resta. Les prévenances redoublèrent. Astorre ne tarissait pas sur la magnanimité du Borgia. Il l'eût suivi maintenant au bout du monde. César se contenta de l'emmener à Rome. Et il poussa la prévenance jusqu'à lui donner un logement au château Saint-Ange, celui même où Catherine Sforza serait morte si Yves d'Allègre n'eût exigé son élargissement. Astorre résista au régime une année entière. Et comme il ne manifestait aucune disposition à mourir tout seul, le 9 juin 1502, César le fit jeter dans le Tibre.

Autrefois, aux rives d'Antium et au Mercato de Naples, je voyais succomber et mourir un brave enfant qui portait le poids des fautes ancestrales et des avidités acharnées sur lui. Conradin reste l'une des plus touchantes figures de l'histoire et de la légende. Le bel et aimable Astorre mérite une place à côté de Conradin. Il n'est pas mort comme celui-ci devant tout son peuple, auquel il n'a pu jeter aucun gant que personne n'a ramassé pour le porter à son vengeur. Sa mort obscure est une injustice de plus à laquelle nous ne devons pas nous associer. Sans doute Conradin et Astorre ont pour eux, plaidant auprès de nous, leur seule jeunesse. Qu'auraient-ils fait s'ils avaient vécu ? Mais on ne peut maudire par prévision. Astorre, le bel adolescent intrépide et confiant, rendra toujours Faenza chère à nos attendrissements. Naples cependant a élevé une statue à Conradin. Combien Faenza me paraîtrait plus charmante encore si je trouvais, sur la place publique, d'Astorre la statue !

V

COURTINES DE GLOIRE ET D'AMOUR

Forli.

Il paraît que Forli, au XVIIIe siècle, jouissait d'une grande renommée dans le commerce des parapluies. J'ai bien regretté, hier soir, qu'elle ait dépouillé cette gloire. Le ciel déversait toutes ses ondes sur ma tête, et je fus bientôt contraint de demander au toit de l'hôtel la protection que l'industrie ne pouvait plus me donner. Cette rapide retraite m'a induit en réflexion. L'exportation des parapluies n'aurait pu suffire à enrichir Forli, n'est-ce pas ? La consommation indigène devait donc être considérable ; je ne m'en étonne plus. Je m'étonne encore moins des campagnes verdoyantes que je viens de traverser. Il pleut souvent en Romagne, au printemps et en été ; et l'agriculture est prospère. Ainsi les plus petits signes servent à nous instruire ; et voilà comment, je livre le secret, avec un peu d'observation et de déduction on peut devenir économiste...

Mais pourquoi ces ingénieux Romagnols se montrèrent-ils, par ailleurs, si peu prévoyants? Parapluies à part, ils se ruinèrent à plaisir. Le commerce de la soie, en effet, rivalisait avec celui des ombrelles. Les Anglais vinrent qui l'accaparèrent et donnèrent en échange, tout comme nous faisons encore chez les sauvages, de la cotonnade et des pacotilles. Ce ne fut pas long. On se lassa d'une si piètre rémunération, les prix baissèrent, et le mûrier disparut des campagnes. Forli perdait en même temps son importance politique; aujourd'hui elle vit de sa situation géographique au centre de la Romagne, et qui lui a valu le rôle de chef-lieu provincial. Forli est une ville assez grande, animée, avec des monuments d'utilité publique tout neufs et importants. Je remarque, toutefois, que, ses grandes places largement ouvertes, elle les doit au passé et non pas au présent, si elle s'en accommode bien.

Catherine l'avait choisie pour résidence principale sans arbitraire, mais pour des raisons économiques autant que militaires, qui toutes deux ont survécu en partie aux bouleversements politiques. Entre les dernières maisons de la ville et les remparts s'étendent, cependant, de grands espaces vides, sortes de prés, qui nous enseignent aussi.

Forli pâtit du voisinage de Bologne, des relations commerciales facilitées par le chemin de fer, bref de tous les effets centralisateurs de la civilisation moderne. Forli n'est plus aujourd'hui qu'un centre administratif. Catherine conviait les contadini, lors des invasions, à se réfugier à l'intérieur des murailles. Ils campaient sur les prés verts, et leurs bestiaux avec eux. Et Forli aujourd'hui, sans avoir maigri, danse cependant dans son corset.

Ces graves problèmes n'ont pas tardé à m'endormir. Et, ce matin, au réveil, un beau soleil en a dissipé les dernières vapeurs. Je suis descendu sur la place entourée d'arcades, derrière lesquelles se cachent le municipe et l'ancien palais du podestat, l'un des plus jolis monuments de la Renaissance, ou du moins arrangé par elle, car les fenêtres du premier étage sont gothiques et rappellent les plus charmantes fenêtres des palais vénitiens. Une gracieuse loggia court sous le toit, légère et fine. Il y a, dans ce palais, un mélange de lombard et de vénitien qui en fait l'un des plus savoureux de la Romagne. Et quel contraste avec San Mercuriale à la lourde façade hétéroclite mais non sans gravité, et surtout avec son campanile d'une hauteur considérable, d'une sécheresse impressionnante, dont le jet seul vers les nues constitue la beauté !

A l'intérieur de San Mercuriale, je n'ai remarqué que trois tableaux de Palmezzano, l'élève de Melozzo. Ce Palmezzano, je le retrouve aussi au Musée, auprès du fameux Pestapepe, ou celui qui pile du poivre, et que Melozzo avait peint pour l'enseigne d'un épicier. Le mot « pestapepe » signifiait-il, au XVe siècle, ce qu'il signifie aujourd'hui, c'est-à-dire nigaud ? Voilà qui ouvrirait un jour singulier sur la malice de Melozzo que nous sommes habitués à considérer sous l'angle d'une certaine majesté. Nous verrons Melozzo tout à l'heure, à San Biagio, dans son œuvre la plus importante, à Forli du moins. Et ici, au musée, je m'attache plutôt à Palmezzano, élève médiocre sans doute, mais traité par les savants trop sévèrement peut-être. Palmezzano manque un peu d'originalité ? Il devait être très intelligent. Melozzo le subjugua, puis les Ombriens, enfin Bellini. Mais il tire de cet assemblage un charme personnel non sans saveur. Ce n'est pas un mince mérite, pour un disciple des Ombriens, que de conserver la fermeté et le mouvement qui s'affirment dans les sept ou huit tableaux du musée. On reproche à Palmezzano ses figures inexpressives : Pérugin, qu'as-tu fait !

A côté de lui, parmi la cohue des œuvres de toute provenance, même douteuse, se distinguent un Francia et un Lorenzo di Credi ; mais j'ai, surtout, longtemps arrêté mes pas devant une *Hébé* de Canova, et dont une réplique est à Berlin, une œuvre délicieuse, marbre aux jupes envolées. Le buste est nu jusqu'à la ceinture, le buste le plus gras, le plus potelé qu'on puisse désirer. Les bras levés versent l'eau de l'amphore dans la coupe. Un sourire railleur dessine les lèvres. Et un collier d'or soulève la tête fine au-dessus des épaules rondes, à la chute élégante. Canova est le maître de la grâce. Il a exécuté des œuvres plus nobles que celle-ci, Rome nous l'a prouvé. *Hébé* n'occupe dans son bagage qu'une petite place ; mais elle est choisie.

San Biaggio enfin, au bout de la ville, détient, derrière son portique de la Renaissance, l'œuvre principale de Melozzo et de Palmezzano. On conteste que Melozzo ait travaillé à ces fresques. L'ordonnance magistrale des figures, la noblesse même des attitudes dans l'aisance du mouvement, ce sont là qualités de maître, et de ce maître-là. Melozzo resta peu de temps à Forli ; Urbin, Lorette et Rome l'accaparèrent. Je ne vois pas de raison intrinsèque qui empêche, cependant, de le supposer auteur, avec la collaboration de son élève, de ces fresques-là. Au contraire. Le miracle de saint Jacques-le-Majeur peut affronter la fameuse fresque de Rome par sa grandeur, sa science et sa vigueur. Le page, que l'on dit être Feo, l'amant de Catherine, le page de gauche est d'une force incomparable. J'y retrouve toute la réalité puissante de Piero della Francesca, et j'y prévois déjà Signorelli : c'est aussi pur et aussi beau qu'un archer du peintre de Cortona, et je ne crois pas que Palmezzano ait pu camper ce dos-là. A lui, en revanche, j'attribuerais le groupe central, rigide et lourd, aux mouvements gênés, sauf ceux du jeune homme qui se penche vers la femme agenouillée, et ceux de celle-ci.

Mais ce jeune homme, et cette femme, et cet homme à côté d'eux, qui sont-ils ? Ils sont ceux que Palmezzano a peint sur un tableau d'autel voisin ; ce sont Catherine, son fils et son époux. A genoux, le chapeau de pèlerine rejeté sur les épaules, la tête enveloppée d'un long voile qu'un ruban noir retient en dessinant la forme d'une abondante chevelure, Catherine, les bras en croix, se montre de profil, lèvre sévère, l'œil à l'arcade nette et ferme, nez droit aux narines franchement relevées, et ses longues mains déliées pressant son sein généreux. Ottaviano, debout près d'elle, lui parle tendrement, ses longs cheveux blonds ondulés sur les épaules, tandis que en avant d'eux, à genoux, Jérôme Riario accuse la plus stupide bestialité. Est-ce sans malice que Melozzo, le Melozzo du Pestapepe, en contraste avec le fléchissement harmonieux et doux de Catherine, avec les jambes, devinées si souples dans leur plénitude, de la femme au corps onduleux, est-ce sans malice que Melozzo a peint Jérôme en poupée de bois articulée ? Un homme ? Un xoanon, presque ! Et la tête carrée, aux pommettes rentrées, aux cheveux rares et plaqués, aux lèvres grasses et boudeuses, quelle opposition à la tête de Catherine, si vivante, intelligente et subtile ! Toute l'aventure de Catherine et de son indigne époux est résumée dans cette fresque. La signature de l'auteur du Pestapepe s'y lit manifeste.

Au pied de la rocca, maintenant, je rêve à ces images. La voici sous mes yeux, la citadelle, bien réduite, découronnée, assez conservée cependant pour permettre de suppléer à ce qui manque. Ses murs sont entourés d'un fossé dans lequel on descend facilement pour en faire le tour. Il n'y a entre elle et le territoire de la ville qu'elle borne au sud aucune différence de niveau et, nous qui nous imaginons difficilement une rocca autrement que perchée, nous comprenons tout de suite, devant celle-ci, comment Catherine pouvait, des remparts, converser avec ses assiégeants ; elle pouvait presque leur donner la main.

Sur ce terre-plein où je m'assieds, César Borgia se dressa, plume blanche au chapeau, et caracola en tirant ses saluts. De là-haut, de la fenêtre qui me regarde, Catherine montra sa valeur au peuple qui la menaçait de tuer ses enfants, et j'attends que la porte s'ouvre pour laisser passer le beau Giovanni dei Medici qui donnera bientôt à Catherine Jean des Bandes Noires, à Florence le père de ses Grands-Ducs. Autour de moi se rassemblent les hordes pillardes, les citoyens révoltés, tous brûlants d'une haine que l'amour accroissait, et jusque les bataillons de France, toujours féroces, mais non moins galants. Ce seront eux qui, par deux fois, sauveront Catherine. Notre Yves d'Allègre salua d'ici l'irréductible fille des Sforza, la trouva belle et se jura, si ce n'est de lui plaire, du moins de l'aimer en son cœur. Il franchit ces murs que les flammes léchaient et que la mitraille battait, pour tomber aux pieds de Catherine, et lui offrir le poing. Courtines de gloire et d'amour! Tandis que Forli derrière nous mène son petit bruit tranquille, rappelons-nous l'héroïque fin de la belle histoire.

*
* *

Nous avons vu Catherine, tandis qu'elle occupait la rocca de Forli après l'assassinat de son mari, jeter déjà un œil complaisant sur Giacomo Feo, frère de Tommaso gouverneur de cette citadelle où il la défendait si bien. Rentrée en possession de sa souveraineté, Catherine mit au monde le fils posthume de Riario, et Forli ne tarda pas à s'apercevoir que si Catherine redevenait sa maîtresse,

Giacomo pouvait de son côté prétendre à symboliser la ville. La destitution de Tommaso, gouverneur de la rocca, en faveur de son frère Giacomo, ouvrit les yeux aux plus aveugles. Et lorsque Catherine refusa d'épouser le dernier des Ordelaffi, en dépit du vœu de ses sujets qui voyaient dans ce mariage un moyen d'éviter toute compétition entre les anciens possesseurs de Forli et les Riarii, on murmura. Mais bientôt on se tut, Catherine ayant pris soin de faire pendre les principaux bavards. La dame de Forli avait trop longtemps attendu l'amour, pour permettre que l'on badinât avec ses amours. Le comte Pasolini nous dit que Catherine avait « un tempérament ardent mais honnête ». Le mot est bien joli, et, à l'encontre souvent des jolis mots, il est vrai. Non contente d'allier en elle Mars et Vénus, elle y ajoutait encore la vertu conjugale de Junon. Elle aima plusieurs hommes, mais en mariage seulement. Elle épousa Feo. Le mariage fut cependant tenu secret, afin d'éviter toute déchéance politique. Et Catherine continua de gérer l'héritage de ses enfants avec zèle et prudence.

Innocent VIII mourut. Le nouveau pape allait-il réclamer Imola et Forli ? Catherine commença par se rassurer. Le cardinal Borgia, ami des Riarii, coiffait la tiare. Court répit, puisque ce pontificat devait justement causer la ruine de la famille Riario. La difficulté s'indiquait d'ailleurs grande pour Catherine, dès le début. Son frère Ludovic le More venait d'appeler les Français en Italie, offrant la proie de Naples. Aux côtés de Ludovic marchaient Venise et le pape. Contre les Français la seule Florence se dressait, Florence pour qui Catherine gardait toujours un coin dans son cœur. Chaque parti agissait auprès d'elle afin de l'avoir avec lui, puisqu'elle jouissait d'un grand prestige militaire, puisque ses domaines pouvaient nourrir les armées, et puisque, pour passer du nord au sud, il fallait traverser ses États. Tant qu'elle le put, Catherine resta neutre. Acculée, elle se prononça pour Naples, avec Florence par conséquent. Mais Naples la déçoit vite. Elle se montre si incapable d'aider Catherine, que celle-ci doit faire volte-face. Elle ouvre les portes de Forli à l'armée de Charles VIII qui, comme remercîment, nomme Giacomo baron français.

Catherine cependant n'a pas rompu avec Florence qu'elle ménage toujours, et pour l'amitié et pour l'intérêt. En somme, si elle a ouvert la porte de son comté à son frère le More, elle ne la ferme pas tout à fait au nez de Florence qui continue à la tenter d'une alliance. Feo était pour Florence, naturellement : il ne pouvait rien attendre de la famille. Ottaviano, le fils aîné de Catherine tient bien entendu, contre Feo, pour Milan, et Catherine tiraillée tâche de tout concilier, tandis que Feo prend de plus en plus un ton arrogant de maître que Forli trouve indécent. Bientôt Ottaviano, dont on montait la tête, se déclare ennemi de Feo, et, un jour, il ose lui jeter à la figure toute sa colère — sa jalousie filiale, peut-être? Feo le souffleta, en présence de Catherine qui pleura, mais n'osa pas s'indigner. Feo dut se croire maître absolu. Il venait cependant de signer son arrêt de mort. Peu de temps après, sous les yeux mêmes de Catherine, en pleine rue, il est égorgé. Il avait vingt-quatre ans, Catherine en comptait trente-deux.

Un instant, on crut à la complicité de Catherine. On fut vite détrompé. Catherine proclama que Feo avait été son époux, et elle annonça qu'elle allait le venger. Une soixantaine de personnes furent suppliciées, jusque des enfants à la mamelle. Elle se montra vraiment la femelle enragée à qui l'on vient d'arracher son assouvissement. « La Romagne en crie vers le ciel », écrit l'orateur de Milan. Les cachots étouffaient les cris. Les enfants même de Catherine tremblèrent pour leurs jours.

Peu à peu, cependant, Catherine s'apaisa. Elle était amoureuse, mais elle était vaillante, très politique aussi. Les soins de son État la ramenèrent à la raison. Et Feo fut bientôt oublié. Il fut même remplacé. Un cadet des Medici, Giovanni, ayant été envoyé à Forli, — il était quelque chose comme le Philippe-Égalité de Florence qu'il continuait à servir, après avoir changé son nom en celui de Popolano, lors de l'expulsion de Piero son cousin, le fils de Laurent, — Giovanni de Medici séduisit Catherine auprès de qui il remplaça Feo. Il partagea non seulement la couche mais le gouvernement, et Catherine fut bien forcée d'avouer son troisième mariage lorsqu'elle mit au monde un fils qui sera Jean-des-Bandes-Noires. Le 29 juillet 1498 la Seigneurie de Florence reçut la comtesse de Forli et ses enfants citoyens de Florence. Catherine eut l'habileté de faire accepter son mariage par son frère Ludovic et par Ottaviano son fils qui, sûr de l'appui de Milan, ne devait pas être très ennemi de l'amitié de Florence aussi. Et Ottaviano passa à la solde de Florence comme capitaine dans la guerre de Pise. Catherine, en l'y envoyant, poursuivait deux buts: faire l'éducation d'Ottaviano d'abord, le mettre ensuite à l'abri des entreprises d'Alexandre VI qui l'avait demandé pour mari de Lucrèce.

Avec son bon sens habituel, Catherine avait décliné ce mariage. C'était au lendemain du divorce de Lucrèce d'avec Giovanni Sforza, où se voyait trop clairement le sort réservé aux gendres qui avaient cessé de plaire. Ottaviano, cependant, poursuivit sa carrière militaire, et se distingua en plusieurs rencontres. Catherine délirait de joie, lorsque brusquement son mari Giovanni tomba malade et mourut, le 15 septembre 1498. A trente-cinq ans, Catherine se trouvait veuve pour la troisième fois. Son sort, politique du moins, était fixé désormais: elle reste inébranlablement fidèle à cette Florence sur laquelle s'étaient ouverts ses yeux d'enfants, qu'elle aima toujours de prédilection, et pour laquelle elle va élever jalousement son petit Jean, le dernier de ses enfants.

La volte-face de Milan, qui se retournait contre les Français et s'associait à Florence contre les Vénitiens, facilitait la tâche de Catherine. Et nous devons ici reconnaître une fois de plus son grand sens politique. Elle voyait parfaitement que le danger, pour elle, viendrait de Venise ou de Rome, et non pas de Florence ni de Milan. Ottaviano et Giovanni lui dictaient clairement son intérêt. Elle ne ménagea rien, et on la vit dans les camps et sur les remparts, à côté des capitaines dont elle partageait les fatigues et la fonction. Bien entendu, elle avait pris un amant, puisqu'elle ne pouvait s'en passer, mais elle eut la sagesse, cette fois, de ne pas en faire un mari. Elle employa seulement Polidoro Tiberti aux négociations délicates. Ce fut lui qui fut chargé d'obtenir d'Alexandre l'archevêché de Pise pour César, le frère d'Ottaviano. Et César, sur son palais archiépiscopal, fit sculpter un blason où se voyaient réunies les armes des Sforza, des Riarii et des Medici.

Ottaviano à la solde de Florence, César à Pise, Giovanni dans les bras de sa mère, Catherine proclamait sa foi florentine. Le jeu de César Borgia commençant à percer, le secours de Florence devenait nécessaire à Catherine pour se défendre. Mais Florence se faisait désirer. Et que lui donnerait-on en échange? Elle envoya à Catherine, pour le savoir, Machiavel. La subtile Catherine et le rusé Machiavel se comprirent si bien qu'il ne résulta rien de précis de leurs entretiens. On resta en sympathie, mais on ne s'engagea pas formellement. Catherine se vit, en fin de compte, réduite à ses seules ressources, lorsque, au commencement de l'an 1499, le pape la déclara « une fille d'iniquité », déchue, elle et ses enfants, de la souveraineté d'Imola et de Forli, César Borgia en étant investi.

Restait à la chasser de ses États. Machiavel lui écrivit que Florence la déclarait son alliée ; elle haussa les épaules et monta à cheval. Imola et Forli devinrent de véritables camps retranchés où elle commandait aux exercices. Et elle se prépara à recevoir à coups de canon César et les quinze mille Français, commandés par Yves d'Allègre et le bailli de Dijon, que César amenait avec lui. Un dernier effort pourtant ; elle courut à Florence où elle cria : « Aujourd'hui, moi ; demain, vous ! » Florence n'écouta pas, et Catherine rentra chez elle, la conscience en repos, le cœur intrépide.

Je ne connais rien dans l'histoire qui soit plus beau que la défense de Catherine. Une femme contre qui tout est conjuré, les plus formidables puissances du monde, et que ses amis abandonnent; une femme, mère de sept enfants, souveraine d'un petit État pris entre les grands qui cherchent à le voler; une femme qui galvanise autour d'elle un peuple entier, bâtit des remparts, accumule des subsistances, dévaste la campagne pour la rendre inhospitalière aux envahisseurs, distribue les armes sur la place publique, récompense, punit, menace, bat monnaie, rançonne et paie — voilà Catherine attendant César, se montrant partout, vigilante à tout, la première au travail, la dernière au repos, courant de Forli à Imola pour galvaniser la garnison, stimulant Ottaviano enfin réveillé de la torpeur qu'il avait hérité de son père, recevant sans faiblir la nouvelle de la prise d'Imola par César, hurlant enfin aux gens de Forli qui voulaient imiter Imola : « Tas de lapins! Rendez-vous donc! Quant à moi, du haut de la rocca, je montrerai au Borgia — et vous l'avez déjà vu! — ce que peut une femme! »

Et, ayant envoyé Ottaviano rejoindre ses frères à Florence, afin qu'on ne jouât plus de leur prison, elle attend de pied ferme. Lorsque Forli ouvrit ses portes à César elle s'enferma dans la citadelle. Le 19 décembre, César faisait son entrée dans Forli, ayant à ses côtés Yves d'Allègre et le bailli de Dijon.

Et Catherine les salua de quelques coups de canon.

César n'aimait pas les violences. Il savait bien que la mort de Catherine ne lui serait pas pardonnée par les gens de Forli, lâches mais affectionnés à leur dame. Il était beau aussi ; il ne pouvait lui déplaire de séduire la belle et forte Catherine, de la persuader. Il se présenta, sous ses plus riches atours, devant la citadelle, et demanda à parler à la comtesse. Catherine parut à la fenêtre. César tira son chapeau, et Catherine fit un signe courtois. Ils causèrent, César insinuant, prodigue de belles promesses, Catherine fière, insolente quelquefois, irréductible, et dont les paroles peuvent se résumer ainsi : vous êtes un Borgia, je suis une Sforza, il n'y a pas d'entente possible entre votre mauvaise foi et ma loyauté. Et César s'éloigna perplexe. Il essaya bien encore une fois de la persuasion. Il se rendit vite compte qu'il n'arriverait à rien que par la force, et il entreprit le siège définitif. Seule, complètement seule, abandonnée de Florence, de l'Empereur son beau-frère qu'elle implorait en vain de venir à son secours, pas un instant Catherine ne désespère. On la voyait tout le jour au milieu des soldats, pointant, inspectant, commandant ; la nuit se passait à discuter les opérations du lendemain. Elle n'avait que deux amis, les Français Allègre et Dijon qui se promettaient bien de la protéger, le jour de la prise.

Et ils laissaient passer ses messages promettant dix mille ducats à qui lui apporterait la tête de César, remettaient religieusement à celui-ci le défit en combat singulier que Catherine lui envoyait, et s'esclaffaient en lisant les inscriptions gaillardes qu'elle faisait graver sur les boulets avant de les lancer sur la ville.

Le pape écumait. Il jurait que Catherine serait tuée dès sa prise. Enfin, au bout de vingt jours, les murs cédèrent. On jeta des fascines dans les fossés et on passa. Catherine alors se retira dans le donjon, et donna l'ordre de mettre le feu aux poudres. Elle voulait sauter ! On lui obéit, mais trop tard. Elle essaya d'une sortie désespérée, voulant évidemment mourir, et pendant une heure elle frappa de l'épée. Tout le monde s'était rendu, elle se battait encore. La garnison entière égorgée ou prisonnière, elle ne cédait pas. Un soldat du bailli de Dijon la surprit par derrière, et lui mit la main sur l'épaule : « Vous êtes prisonnière du bailli », dit-il. Et Catherine répondit : « Je me rends au bailli, mais non pas à César ». Et elle suivit le soldat.

Que faut-il admirer le plus de son courage ou de sa présence d'esprit ? Pas un instant, elle n'a perdu la tête, et elle se rend au bailli parce qu'elle sait bien que les Français la sauveront. Au bras d'Yves d'Allègre, César la suivant, elle sort de la forteresse. Qu'allait-on en faire? Les Français entendaient la garder; César ne voulait pas lâcher sa proie. Un moyen terme fut trouvé : Catherine resterait sujette du roi de France qui la confiait à la garde de César pour la conduire à Rome où, cela était spécifié, elle ne serait pas traitée en captive. Catherine, qui connaissait son César, comprit que les naïfs Français étaient joués. Elle refusa de souscrire à la combinaison. Il lui fallut bien se soumettre pourtant, et, le jeudi 23 janvier 1500, César quitta Forli emmenant Catherine. Vêtue d'une robe à la turque, coiffée d'un voile, elle avait enfourché un cheval blanc auprès duquel chevauchait César. Et le cortège sortit par la porte de Cesena où l'on arriva le soir pour coucher. Il paraît que César et Catherine couchèrent dans la même chambre. Le sort de Catherine n'en fut pas, en tout cas, modifié. Elle arriva bientôt à Rome où le pape la logea au Belvédère, pour la jeter bientôt au Château Saint-Ange.

Elle y resta une année. Et elle allait y épargner, par une mort naturelle, un dernier meurtre à César, lorsque Yves d'Allègre reparut. Le comte Pasolini raille un peu ces Français qui s'exagérèrent, semble-t-il dire, leur rôle en cette affaire, et dont le zèle, à Rome, fut bruyant en faveur de Catherine. Est-ce vraiment à un Romagnol de s'en plaindre? Si Yves d'Allègre et ses soldats n'avaient pas, à

Forli et à Cesena, fait énergiquement sentir à César que la mort de Catherine se paierait cher, il est bien probable qu'elle eût disparu dès son arrivée à Rome. Et si elle n'est pas morte au Saint-Ange, à qui le doit-on? Allègre courut au pape et réclama énergiquement Catherine ; qu'il le fît en termes chaleureux et peut-être même amoureux, qu'importe? L'essentiel était d'obtenir. Et puisque les Romagnols ne tentèrent rien pour défendre Catherine, l'abandonnèrent dès le premier jour, il fut très heureux pour elle que des soldats français se soient trouvés là, si excessifs qu'ils se montrassent dans leur sentiment. « On délivrera immédiatement Catherine, dit Allègre au pape, ou j'aviserai le roi qui enverra son armée la reprendre ». Et Catherine fut remise à Allègre qui la conduisit au palais Riario, aujourd'hui le Corsini du Trastevere, en dépit de tous les efforts de César. Allègre tint bon et emmena Catherine ; son biographe est obligé de reconnaître qu'elle « n'avait qu'un appui : la bannière de France ».

L'appui ne lui manqua pas jusqu'à la fin. Accompagnée par son sauveur, elle s'embarqua nuitamment sur le Tibre, gagna Fiumicino d'où un bateau la transporta à Livourne, et de là à Florence, la Florence de sa jeunesse, celle de son Giovanni, la Florence où ses enfants l'attendaient.

Elle y vécut huit ans encore, tantôt à Florence

même, tantôt à la villa de Castello, intriguant bien pour reprendre ses Etats, mais sans grand zèle, épuisée vraiment de toutes manières, et employant de plus en plus toutes ses forces à élever en Medici et en Sforza son petit Giovanni. Qu'elle eût été heureuse, si elle avait pu voir Jean-des-Bandes-Noires en qui revécut une dernière fois François Sforza, l'aïeul, avec elle !

Pour Catherine, pour Catherine seule, je suis venu à Forli ; est-il un Français qui n'éprouve pas à son endroit les sentiments d'Yves d'Allègre et de ses soldats ? Belle, courageuse, amoureuse, mère, languissant dans une émouvante prison, et finissant dans la retraite, à 46 ans, auprès d'un berceau, je ne sais si cela est plaisant, mais je ne connais pas un de nous qui ne s'émeuve à l'entendre dire. Ce n'est pas en vain que tout Paris pour Rodrigue eut les yeux de Chimène. Nous regardons tous Catherine avec les yeux de ses maris.

VI

LA CITÉ DES LIVRES

Cesena.

De toutes les villes romagnoles, celle-ci est la plus petite et la plus obscure. Histoire brève et sans éclat. Trésors maigres, réduits presque à une seule unité : la bibliothèque malatestienne, mais qui vaut si ce n'est le voyage, du moins l'arrêt. Une particularité, cependant, la distingue de ses trois sœurs et voisines, sa rocca haut perchée. Voici du moins une citadelle qui aurait convenu fort bien au geste ostentatoire de Catherine. C'est une grande puérilité, je le sais, que de s'imaginer les choses, puis de leur reprocher de ne pas répondre à notre imagination. Le fait est, néanmoins, que, les vieilles forteresses, nous ne les voyons que sur des pics. En plaine elle nous déroutent, et je me souviens encore de ma surprise devant la rocca de Rimini au niveau de la place publique. A Cesena, mon romantisme est satisfait. Il faut se rompre le cou pour admirer les assises et les faîtes. A la bonne heure ! Dérision pourtant, puisque ce château-fort, précisément, ne servit à rien de prestigieux, tandis que Forli et Rimini connurent des heures inoubliables et inoubliées !

La villa participe quelque peu de sa citadelle. Oh ! bien peu, et la petite éminence, au pied de la grande, où elle siège, n'est rien qu'un plateau. Mais enfin, il faut monter. On monte depuis la gare, entre deux rangées de maisons jusqu'à ce qu'on se heurte à une troisième rangée au pied de laquelle, à droite et à gauche, la rue principale est tracée. A ce carrefour se dresse la cathédrale, de style gothique, sans intérêt particulier. Quelques pas encore, et, par une rue à arcades, très étroite, pleine de pittoresque, le palais communal, à arcades lui aussi, vaste mais sans grandeur, s'appuie contre le rocher au haut duquel s'élève la rocca.

Celle-ci est considérable. Une enceinte de murailles crénelées entoure la base sur laquelle repose la citadelle. Les Malatesta y succédèrent aux seigneurs d'Urbin, et l'augmentèrent considérablement. Une ville tiendrait presque dans ses murs, une ville italienne s'entend, où aucune surface plane n'est offerte aux personnes oppressées. L'aspect est très solennel, surtout lorsqu'on gagne les bords du Savio, à travers champs. La rocca alors affecte un air terrible et fier, véritable nid de brigands qui surveillent la campagne nourricière.

Entre les murs du bas et le donjon du sommet, plus rien, d'ailleurs, que des arbres poussés sur le roc, oasis charmante, jardins autour de la demeure seigneuriale. Là campaient autrefois les bataillons d'Urbin, sous l'œil du maître. Pandolphe Malatesta avait rêvé pour son second fils une gloire césénienne égale à la renommée que Sigismond valut à Rimini. Domenico, connu dans l'histoire sous le nom de Malatesta Novello, dédaigna cette auréole, ou ne sut, ou ne put la coiffer, et il se cacha dans son coin qu'il s'efforça d'embellir, pourtant.

Il y réussit dans la même mesure. On pourrait dire de lui qu'il était né malchanceux. Frère cadet, d'abord, et de Sigismond qui plus est. Un aîné est déjà difficile, en soi, à éclipser, mais lorsque cet aîné s'appelle Sigismond, comment faire ? Novello n'essaya même pas. Tout de suite il se plaça à la suite fraternelle. Le pape Eugène IV lui avait mis, cependant, dans les mains, d'assez belles cartes, en le mariant à Violante, fille du duc d'Urbin. Cette union terminait les querelles des deux familles ; elle pouvait aussi devenir la source de grands avantages pour un hardi garçon. Novello était d'âme fine, plus artiste qu'homme d'action, studieux, timide comme il arrive fréquemment aux lettrés et aux savants. Nom oblige pourtant, situation aussi. Feudataire du Saint-Siège, à qui appartient théoriquement Cesena, Novello doit à son maître des services que personne, autour de lui, ne songe à refuser, puisqu'ils procurent des avantages personnels et directs. Les pillages enrichissent, la gloire assure l'avenir. Montefeltre, Este, Malatesta, tous enfin se sont bien trouvés de la pratique. En combattant pour le pape, ils ont accru leur puissance, jusqu'au point de devenir assez forts pour se déclarer indépendants.

Novello ne songea jamais à ces profits. Et tout ce qu'il put faire, ce fut de se mettre à la remorque de Sigismond, condottiere du pape. Il sert son frère loyalement, d'ailleurs, après avoir fait son apprentissage sous François Sforza, à dix-sept ans. Son dévouement est sans bornes, au point qu'il se met dans le parti contraire afin que, dans tous les cas, la famille ne se trouve pas dépourvue ! Il y apporte tant de zèle que, un jour, il se déclare trop vite, au gré de Sigismond, contre celui-ci : il se range, en 1441, sous la bannière de Piccinino qui marchait, aux gages de Milan, contre le pape défendu par Sigismond.

Sigismond fait comprendre à Novello que le jeu peut s'admettre dans les guerres entre seigneurs, mais non pas lorsqu'il s'agit du « patron ». Oreille basse, Novello signe un traité qui les oblige à une amende de vingt-cinq mille ducats, lorsque l'un des deux aura pris parti avant d'avoir averti son compère. Novello tint parole, et sans doute il aurait partagé jusqu'au bout le sort fraternel dans toutes ses vicissitudes, qui devaient peu lui sourire si le sentiment du devoir les lui faisait accepter, lorsqu'un accident vint à point pour lui permettre de vivre selon sa fantaisie de studieux et de reclus. Sa femme semblait peu faite pour le stimuler à l'action, d'ailleurs. Elle vivait très retirée dans son palais, adonnée à une dévotion qui la jettera, à la mort de son mari, dans un couvent de Ferrare où elle mourra sous les macérations. Elle était, de plus, stérile. « A quoi bon, se disait Novello, tant m'agiter, tant me battre ? Penser à moi, c'est tout mon souci ; nul autre devoir. Ma sagesse me conservera mon fief papal bien plus que mes prouesses. Et je serais si heureux au milieu de mes livres ! » D'ailleurs il avait des varices. Opéré par un médecin, grec bien entendu, quand on est le frère de Sigismond ! opéré, il resta estropié, boîteux. Il n'insista pas et rentra chez lui.

Il mène, dès lors, dans la petite ville de Cesena, une existence de brave gentilhomme cultivé, studieux, élevant des bâtiments, appelant des artistes, achetant des tableaux, réunissant enfin des manuscrits pour lesquels il construit la charmante bibliothèque qui est le bijou, l'unique bijou de Cesena. Deux rangées de colonnes cannelées à gracieux chapiteaux corinthiens séparent le vaisseau en trois nefs égales, et je ne sais ce qu'il faut le plus admirer des proportions exquises de l'ensemble ou de la discrétion du décor. On a parlé à son propos de la Laurentienne. Celle-ci est fastueuse. L'œuvre de Novello est simple, sans autre ornement que ses colonnes, ainsi qu'il convient à un lieu de gravité et d'étude. Et la parfaite ordonnance de cette discrétion, les voûtes basses, comme il sied à l'espace restreint, ajoutent encore à la convenance générale. Le seul rapport avec la Laurentienne s'accuse dans les pupitres, exactement copiés sur ceux de Florence, avec leurs tablettes sous-jacentes où s'entassent les livres enchaînés.

Les livres manquent à Rimini, où Sigismond devait les avoir amassés pourtant. Nous ne connaissons la passion littéraire de Sigismond que par l'histoire. Cesena, œuvre de Novello, supplée à la lacune. Novello nous apprend les goûts de toute la famille. Urbin aussi a dû passer par là. Cesena donne ainsi la vision très nette, par un ensemble unique, de ce qu'étaient les librairies des petits seigneurs d'Italie. Florence ne peut entrer en compte, en effet ; les Medici sont, eux, grands seigneurs. Tandis que, à Cesena, nous manions les véritables parchemins que feuilletaient Montefeltre, et Gonzague, et Este, et Malatesta. Quels sont-ils ? Tous les Grecs et tous les Latins, Horace, Sénèque, Salluste, Térence, Pline, Claudien, Stace, Virgile, Cicéron, Juvénal, Tite-Live, Platon, Aristote, Hérodote, Thucydide, et des bibles hébraïques, et des modernes, Dante en tête, et de somptueux registres à miniatures, bref toute l'intellectualité du temps. Derrière eux, alors, défile la période entière, période affolée de connaissances, où qui a richesse se ruine par l'acquisition des œuvres enivrantes, écrit aux quatre bouts du monde pour acheter, échanger, offrir, demander quelque Platon ou Lactance, et harcèle au fond de leurs cellules les moines laborieux, penchés nuit et jour sur les feuilles de parchemin, un pinceau entre les doigts. La voyez-vous l'Italie d'alors, incendiée et ravagée par Sigismond, tandis que, à Cesena, Novello se grise de latin et de grec, tandis que, au couvent voisin, des hommes à longue barbe couvrent de petits signes et d'images les feuillets innombrables ? On copie, on copie sans relâche, au milieu des pillages de Sigismond, et Novello tire son escarcelle pour l'amour de Pletho. Toute la Renaissance est résumée dans ce court tableau où Sigismond et Novello figurent les donateurs, Sigismond offrant au monde sa fureur et le Tempio, Novello lui présentant le petit chef-d'œuvre de sa bibliothèque et ses livres miraculeusement sauvés de la dispersion.

Sa modestie et son humanisme ne sauvèrent pas cependant Novello. Pie II, Aeneas Sylvius lui-même, ne put lui pardonner d'être le frère de Sigismond qui entraîna son frère avec lui dans sa chute. Novello abandonna Cesena au Saint-Siège sans résistance. On le laissait au milieu de ses livres ; le reste ne lui importait guère. Il mourut un an après Pie II, et trois ans avant son frère, ignoré, solitaire, mais heureux, ayant vécu son rêve. Cesena ne pensait plus guère à lui ; et lorsque César Borgia en prit possession, la première, pour partir à la conquête de son royaume de Romagne, Cesena se montra loyale. Si loyale que, César ayant envoyé, par ordre de Jules II, l'ordre d'ouvrir les portes au représentant du pape, Cesena refusa. Elle dût céder pourtant, et elle rentra dans l'obscurité d'où elle ne sortira plus.

Pour nous, cependant, elle ne saurait demeurer obscure. Sa bibliothèque la couronne brillamment. Grâce à elle, nous possédons le témoignage qui nous manquerait, toutes les autres librairies ayant été dispersées. Nous trouvons, à Cesena, la Renaissance à sa source : des livres réunis nous voyons jaillir la pensée qui lui donna vie ; c'est son âme même que nous y réveillons.

VII

LE CHEF-D'ŒUVRE DE DOMINIQUIN

Fano.

J'AI passé l'après-midi d'hier, à Rimini, étendu sur la plage. Déserte en cette saison, celle-ci est toute à moi. Les hôtels et les villas fermés me la livrent, et pour moi seul glissent sur l'azur confondu des vagues et du ciel les voiles pourpres des pêcheurs. A gauche, je vois la ligne noire des pins aux approches de Ravenne. A droite les hautes falaises de Gabicce sous lesquelles se cache Pesaro. Derrière enfin, lorsque je me retourne, les montagnes d'Urbino et de San Marino. Le matin, visitant le Tempio de Sigismond, l'admirable chef-d'œuvre où la Renaissance a donné toute sa fleur, j'ai longtemps délibéré si je ne monterais pas jusqu'à cette Saint-Marin : des cochers empressés m'en ont tenté à chaque pas... J'ai résisté, attiré par la mer et le soleil, retenu par la fatigue, et aussi, il faut tout dire, par le prétexte qui me sera fourni, une autre année, de revenir à Rimini. Rien n'est amusant, en voyage, comme ces petites luttes intimes entre la curiosité, la paresse, le devoir et « la petite santé ». La roublardise s'en mêle aussi, et un dernier personnage se lève en vous qui assiste au combat avec un intérêt croissant. Celui-ci a constaté le triomphe de la paresse et de la malice conjugées. Tout le jour j'ai détendu mes jambes sur le sable d'or, baigné mes yeux fatigués dans l'infini, suivi d'un œil distrait et caressé les barques rouges, mouvantes sur la mer tranquille. Charmante Rimini, centre idéal d'excursions passionnantes : Ravenne, Saint-Marin, Urbin, Pesaro, Bologne même et les petites villes que je viens de voir ! Bain de mer merveilleux, à la plage immense, aux hôtels somptueux et qui, lorsqu'ils ferment, laissent sur les albergi de la ville leur influence confortable... Et je rêve, bien couché, bien nourri, de vacances passées ici à se bien fatiguer. Vers le soir, je suis allé regarder les barques rentrer au port, y jeter leur pêche, et j'ai remercié ma protectrice Hygie qui s'ingénie à mettre ainsi devant mes pas tant de paix et de divin soleil, au moment où ma pauvre humanité commence à grincer de toutes ses jointures.

Voici bien des fois que j'aboutis ainsi, dans mes courses, au bords de l'Adriatique. Jamais je ne l'ai vue que pareille à ce jour lumineux et rayonnant de tous les bienfaits. Venise, Ravenne, Rimini, Ancône, Bari, Brindisi, aujourd'hui Fano, demain

Lorette, je la vois toujours brillante et bienfaisante de chaleur et de lumière. Je me souviens encore des roses profuses de Trani et de Bari, il y a cinq ans, à la mi-avril, et de mes bains du Lido aux premiers jours de mai. L'Adriatique m'a toujours donné une sensation d'orient, peut-être plus encore que les bords napolitains. Il y a plus de douceur ici que partout ailleurs, plus de limpidité, cette clarté qui n'est pas crue, mais rien que nette. Naples et la Sicile possèdent, dans leur atmosphère, quelque chose d'africain que je ne trouve pas aux bords laiteux, quoique vifs, de l'Adriatique. On y est inondé de lumière alors qu'aux rives tyrrhéniennes on en est accablé. L'Adriatique jouit d'une douceur extrême. Et, en arrivant, ce matin, à Fano, j'en ai goûté une fois de plus la caresse et la délicate volupté.

Que suis-je venu faire à Fano ? Une seule chose : voir des fresques de Dominiquin. Ceux qui ont bien voulu me suivre à Rome et à Naples connaissent ma prédilection, presque un vice ! pour celui-là. Il a suffi de son nom lu dans le guide pour me jeter à bas du train : j'aurais plutôt tiré la sonnette d'alarme ! Et tout de suite mon zèle est récompensé par l'abondance, non pas de Dominiquins, mais de la ville elle-même, si jolie, si gaie, si fraîche, si brave dans ses beaux remparts qui regardent la mer du haut d'un petit mamelon sur lequel elle s'étend. Fano, délicieuse petite ville claire et pure, bien éventée, bien abritée par de grands arbres qui montent vers la porte, aux places lumineuses, chantantes de fontaines, et aux palais vêtus d'arbustes grimpants. Et, miracle, elle n'a pas d'histoire, ou à peine ! Autrefois se dressait là un temple de la Fortune, comme à Palestrina, de l'autre côté de la péninsule, c'est-à-dire un phare pour les navigateurs. Déjà industrieux, les prêtres avaient divinisé l'appareil lumineux, et tout un peuple vivait de la vigie. La déesse disparut et le peuple resta, peuple de pêcheurs et de cultivateurs mêlés. Ceux-ci s'adonnèrent à la culture du mûrier à laquelle ils adjoignirent bientôt le commerce de la soie. Plus avisés que ceux de Forli, ils résistèrent aux offres anglaises, et Fano prospéra.

Malatesta cependant, s'en était emparé. Fano fut le fief de Pandolphe, père de Sigismond et de Novello. Il y est enterré sous le portique de San Francesco, une vieille église perdue au milieu de vieux quartiers tout noirs et sordides, et qui contrastent si pittoresquement avec l'autre partie si joyeuse de la ville. Le centre de celle-ci est formé par une grande place où jacasse la fontaine de la Fortune et que flanquent deux palais, le palazzo della Ragione et celui du municipe, c'est-à-dire la cité sous ses deux expressions, l'administration et la police.

Ce sont deux nobles palais de la fin du XIIIe siècle, dont l'un, le Ragione, offre un certain air vénitien. Un grand théâtre, surprenant dans cette ville modeste, en occupe la plus grande partie. Il fut construit au XVIIIe siècle seulement. Et l'on m'a montré, dans le foyer, une ruine lamentable, un *Goliath* par Dominiquin, sauvé de je ne sais quel usage profanateur auquel il servait, sauvé dans ses restes, peinture écaillée, rongée, grattée, perdue enfin.

Le municipe, cependant, touche le Ragione à angle droit. On passe sous une voûte, et, derrière le municipe, s'étend une cour au fond de laquelle s'élève le palais Malatesta en partie restauré en vue d'un musée. Deux ailes très nettes le composent : celle de droite en mur plein qu'une loggia couronne, celle de gauche en portique surmonté de fenêtres gothiques. Ici Sigismond et Novello passèrent leur enfance auprès de Pandolphe, attendant la succession de leur oncle Carlo de Rimini et de Cesena. Il ne reste rien du passage de Pandolphe dans ces murs. Mais Fano elle-même nous dit clairement où Sigismond et Novello prirent leurs premières leçons de goût, allumèrent leurs premières flammes. Et Sigismond élevant le Tempio aura dans les yeux l'arc de triomphe d'Auguste, longtemps attribué à Constantin, et qui forme l'une des portes de la ville. Arc imposant, d'une voûte pesante et vive à la fois, bien qu'il soit mutilé des deux baies qui accompagnaient l'ouverture centrale, flanqué d'un côté du ravissant portail de l'église Saint-Michel, de la Renaissance, et, de l'autre, des deux loggias superposées d'un hospice, le Brefotrofio, ou hospice des enfants trouvés.

De-ci de-là, dans les rues sombres de la vieille ville, j'ai visité quelques églises, la plupart baroques, et dont l'une, Santa Maria Nuova, se vante d'un superbe Pérugin, une *Annonciation*, où la Vierge s'agenouille au centre d'un temple à trois nefs, d'une sobriété impressionnante, d'une émotion sans piperie, et qui m'a rappelé, toutes proportions gardées, le *Crucifiement* des Pazzi, à Florence. En face, en fronton d'une Madone trônant, de Pérugin, une *Pieta* attribuée à Raphaël, mais d'un Raphaël si péruginesque qu'il vaut mieux, de toutes manières, la donner au maître qu'à l'élève. Raphaël, s'il en est matériellement l'auteur, a manifestement abdiqué ici, par respect de l'harmonie. Et lui, qui pouvait tout, a consenti à un Pérugin qui s'en honore, lui du moins. Et j'ai couru, enfin, à Saint-Fortunat, la conscience en repos maintenant, libre de me livrer à ma passion.

Derrière quatre lions couchés et qui ne portent plus les colonnes d'un porche démoli, l'église ouvre ses nefs sombres et sans caractère. Mais Dominiquin est là ; à droite, dans une petite chapelle, le vieux maître a couvert les murs de quatre fresques sur lesquelles tombe un jour avare, et suintent les embruns de la mer destructrice. Leur ruine est pitoyable; je suis presque reconnaissant à la lumière de refuser de l'éclairer. Il me faut longtemps pour m'habituer à l'obscurité, et je me plais à lui attribuer l'évanouissement des formes peintes. Hélas ! je sens l'humidité sur mes épaules et qui m'avertit de la réalité. Je tiens maintenant l'œuvre du grand martyr, je la tiens au bout de mes jumelles. Quelle misère ! Sur les quatre panneaux, l'*Annonciation*, la *Visitation*, la *Naissance du Christ*, et la *Circoncision*; le deuxième et le quatrième sont seuls visibles encore. Et, est-ce le voisinage des deux autres perdus tout à fait, est-ce leur état de conservation relative, est-ce peut-être, aussi, car il faut se méfier toujours de soi, l'émotion de voir ces œuvres à peu près inconnues, non classées, et sorties d'un pinceau dont j'ai le culte, est-ce tout cela réuni, je ne sais ; mais jamais le génie de Dominiquin n'a autant frappé mes yeux et mon âme. A Rome et à Naples, j'ai dit de lui tout ce que je pensais, et les raisons de mon amour. Celles-ci se justifient encore à Fano où il me semble que Dominiquin a poussé aux dernières limites son art fougueux, sincère, et d'un réalisme inconnu jusqu'à lui, si Piero della Francesca n'était là.

De quelle époque datent ces fresques ? Je les placerais volontiers, avec M. Serra, au cours des deux années que Dominiquin passa à Bologne, lorsqu'il s'enfuit de Rome après que son *Saint Jérôme*, son *Saint André* de San Gregorio et sa *Diane* eurent déchaîné contre lui la meute des Lanfranchi. Il me semble lire dans ces fresques une allégresse, une ardeur juvénile qui ne sont plus d'un maître dont les chefs-d'œuvre sont achevés, mais d'un homme qui a reconquis la fraîcheur de son âme enfantine. Or, Dominiquin a rencontré quelque paix à Bologne ; il y a trouvé aussi le bonheur de l'amour. Il vient d'épouser une radieuse Bolonaise, lui le pauvre être disgracié ; son cœur s'épanouit, et Fano brille de son ivresse.

La *Visitation* n'est qu'un élan, un geste, un seul geste d'une femme se jetant dans les bras d'une autre qui l'accueille, et, ces sourires, je les vois sur les lèvres d'une fiancée se jetant aux bras de sa mère après l'échange de la promesse. Il y a, dans cette *Visitation*, une fougue de tendresse qui ne peut venir que d'un cœur ouvert à l'amour. Domenichino a vu sourire sa fiancée au cou de sa maman, il l'a vue se précipitant sur le sein attendri, et, lui qui n'avait guère d'imagination, c'est elle, l'aimée, dont il a fixé ici le bond d'amour. Quant à la *Circoncision*, c'est un geste encore, un seul geste, mais d'une vigueur, d'une audace sans pareilles, d'une réalité qui laisse encore loin derrière elle la prodigieuse Charité au pendentif de San Carlo a Catinari de Rome, et qui, pressant se seins dans ses mains, semble les tendre au peuple altéré.

La Vierge découvre l'enfant debout sur une table devant laquelle, au premier plan, se tient le prêtre assis de côté, sur un escabeau, le corps assez loin de la table vers laquelle il se penche, et sur laquelle son coude gauche s'appuie. On a le sentiment du chirurgien qui, ayant badiné, s'est retourné et dit : « Allons-y maintenant... montrez-moi ça », avant d'opérer. Et le coude piquant sur la table, l'avant-bras se lève, la main se tend vers l'enfant craintif que la mère retient, craintive aussi, et l'index et le médius se tendent pour aller saisir la petite chair qui va tomber, cependant que dans la main droite, encore sur les genoux, le couteau brille. La vulgarité même de ce prêtre qui rit grossièrement, sa posture sans dignité, si peu religieuse, où domine exclusif le métier du sacerdoce, ce geste d'un fruitier qui va couper le cou au petit poulet, et le contraste de l'enfant grave et pudique devant sa mère saintement émue, quel tragique !

Les Quattrocentistes nous ont appris que l'art n'a jamais craint la réalité. Oui, mais ils étaient Quattrocentistes, leur art restait naïf, imparfait, gauche quelquefois, ils avaient encore à apprendre enfin. Ils copiaient servilement la vie parce qu'ils étaient ignorants encore pour l'embellir. Lorsque Dominiquin paraît, Raphaël et Michel Ange ont passé qui n'ont plus rien laissé à enseigner. On sait tout faire à la perfection. Et voici celui qui, sachant tout faire, ose plus encore. Il va chercher la plus extrême réalité pour la hausser jusqu'à son art achevé, s'inspire à nouveau de la vie qu'on avait oubliée dans le vertige de la science. Et je retrouve ici le Dominiquin de *Diane* et de *Saint-Nil* tout entier, l'honnête homme par excellence qui ne peignit jamais un geste sans l'avoir vu agissant, et qui sait, par surcroît, le magnifier jusqu'au symbole, jusque souvent à l'implacable et cruelle vérité humaine.

Les fresques de Fano, qui les sauvera ? Deux déjà ont péri ; les deux autres n'en ont plus pour longtemps. Oubliées dans la petite ville sans renom, elles suffiraient cependant à attirer tous les amants de la beauté. Dans cette Italie qui regorge, les sauvetages sont innombrables à tenter. Il me semble que l'un des plus glorieux à opérer serait celui-là. Partout j'ai vu et je vois des tableaux et des fresques arrachés aux couvents et aux églises où ils dépérissaient. Qui donc pensera aux Dominiquins de Fano, et, descellant ces pierres magnifiques, les arrachera au salpêtre de Saint-Fortunat ?

Celui-là méritera la plus belle des couronnes. Pauvre Domenichino, disgrâcié jusque dans sa tombe de trois cents années, d'où il voit périr son chef-d'œuvre peut-être, à coup sûr celle de ses œuvres qui peut donner de lui l'idée, qu'il mérite, la plus haute, et le venger une dernière fois des Lanfranchi et des Ribeira, ses assassins. Ne laissons pas assassiner son œuvre, au moins !

VIII

LA SECONDE MORT DE MONTAIGNE

Lorette.

Les foules qui gravissent la montagne de Lorette restent ordinairement étrangères au souci du voyageur d'art et d'histoire, lequel, en revanche, ne descend pas en Italie dans le but d'implorer la Vierge. De là une ignorance à peu près générale de Lorette, puisque nous la laissons aux dévots qui ne lui demandent rien de ce que nous y chercherions. Ne l'ai-je pas négligée, lorsque je vins à Ancône, lorsque j'allai à Foggia? Vingt fois j'ai tourné tout autour sans en approcher, fuyant la cohue, les étalages offensants de laideur, le mercantilisme sacrilège, sans parler des goguettes dont on profane les lieux les plus respectables. Dieu sait faire la part de la triste humanité, et nous devons l'imiter. Il nous pardonne aussi, j'en suis sûr, notre pudeur, alors que, les yeux pleins de sa gloire retracée par Giotto et Raphaël, en passant par tout le Quattrocento, nous nous refusons à la regarder monnayée en mille hideuses bimbeloteries.

Un regret me restait cependant, qu'il a bien fallu satisfaire. Fixant mon étape à Ancône, je suis venu passer ici l'après-midi, quelques heures faciles à supporter, me disais-je, et qui se sont trouvées parmi les plus précieuses. Ne craignez point ce pèlerinage ! Vous fermerez les yeux en passant dans la rue, mais, en montant la colline et en visitant l'église, vous les ouvrirez si grands qu'ils en resteront longtemps éblouis.

Lorette est assise sur un pic haut de plus de cent mètres au-dessus de la mer, et à quinze cents mètres de celle-ci. L'Adriatique s'étend à ses pieds, tandis que les montagnes, dont elle occupe le premier plan, la couronnent. La route verdoye d'ormes feuillus sous lesquels les récoltes semblent se garantir du vent et du soleil. Et là-haut, la ville serre ses remparts dont l'église figure la citadelle. Une véritable armure en effet revêt le sanctuaire. Les absides et les transepts dessinent des tours, avec chemin de ronde, corbeaux, créneaux et mâchecoulis, tandis que, à l'intérieur, des chambres sont ménagées pour loger les soldats. Le danger sarrasin imposait cette disposition étrange qui jette un dôme et un campanile sur un château-fort. A mesure qu'on monte, cependant, la forteresse perd en importance, et la ville grandit, dominant de plus en plus le paysage généreux de la mer stérile, des champs fertiles, des monts boisés, et la sentinelle avancée du Conero sort des flots comme une île. La côte s'infléchit depuis Ancône jusqu'à Recanati. Les sommets de Castelfidardo, d'Osimo, de Camerano s'alignent en cortège, et semblent regarder tendrement la sainte colline, la radieuse colline, que le printemps fleurit de bouquets déposés sur ses pentes comme sur les marches d'un autel.

Tandis que nous montons au pas de petits chevaux trapus, écoutez la légende qui, seule, a place ici, — l'histoire étant muette en dehors de l'art. En 1291, la petite ville de Rauniza, en Dalmatie, vit un spectacle surprenant. Pendant la nuit, tout à coup, au milieu des champs, une maison, une toute petite maison, avait poussé. On s'approcha. La maison ouvrait une porte. A l'intérieur, un autel surmonté d'un crucifix, un coffre contenant quelques vases de terre cuite, un foyer surmonté d'une niche formée par des colonnes cannelées, et où se dressait une statue de bois de cèdre représentant la Vierge tenant Jésus dans ses bras. Ébahis en présence de ce petit monument, de cette chaumière-chapelle dont ils ignoraient jusqu'à ce jour l'existence, les habitants de Rauniza s'interrogeaient entre eux, lorsque l'évêque s'avança et raconta que, précisément, la nuit précédente, la Vierge lui était apparue :

— « J'ai transporté ici, lui dit-elle, ma maison de Nazareth. C'est sous ce toit que Jésus est né. L'autel a été élevé par l'apôtre Pierre. La statue de cèdre reproduit mes traits sculptés dans le bois par saint Luc ».

Le peuple délira, et la nouvelle du miracle se répandit alentour. L'empereur qui passait par là voulut se renseigner ; consciencieusement il envoya une mission en Galilée. La mission revint ; la maison de la Vierge avait disparu de Nazareth.

Hélas ! Raunіza n'était qu'une étape aussi. La rive orientale de l'Adriatique ne devait pas conserver longtemps la miraculeuse demeure. Quatre ans plus tard, le 10 décembre 1294, elle s'envola, traversa la mer et vint se poser auprès de Recanati, au milieu d'un bois de lauriers où, après avoir, deux fois encore, changé de place, elle se fixa définitivement, du moins jusqu'à aujourd'hui. La suite, nullement miraculeuse mais très humaine, on la devine. Lorette devint un pèlerinage ; une ville se bâtit à l'entour de la Santa Casa qui, elle-même, fut enfermée dans un écrin de pierre, lequel écrin s'agrandit peu à peu, jusqu'à la Renaissance qui lui donna, sauf quelques embellissements postérieurs, l'aspect qu'elle offre encore.

Est-il bien utile de chercher sous cette légende la vérité, de savoir qu'un sanctuaire dédié à la Vierge existait bien avant le XIIIe siècle sur cette colline, et que la première allusion au miracle ne date guère, dans les chartes conservées, que du xve siècle ? Il n'y a, ici, aucun avantage à demander des précisions rationnelles, puisque, s'y soumettre, c'est proprement détruire Lorette qui n'existe que par l'aveugle foi. Acceptons donc la gracieuse légende de cette maison qui erre à la recherche d'un endroit qui lui plaise, paraît peu fixée, d'ailleurs, dans ses désirs, et choisit enfin un bois de laurier, sur un petit pic des Apennins, au bord de l'Adriatique. Et qu'elle devint le prétexte, cette maison, d'une aussi belle église ne voilà-t-il pas le plus grand miracle de tous, et qui met tout le monde d'accord ?

La route, tandis que nous écoutons la légende, la route s'est déroulée et nous parvenons sous les murs mêmes de la ville, longs murs hauts et serrés contre les maisons qui regardent toutefois pardessus, vers les croupes apennines. Une petite place s'étend en avant de la porte, au flanc même du coteau, toute en pente, avec un seul terre-plein où se dresse la fontaine dei Galli, amusante avec son dragon central, celui des Borghese, flanqué de quatre coqs bien crêtés et qui crachent comme s'ils chantaient, éperdûment. La porte franchie, Lorette apparaît, longue rue unique, couloir menant au salon, et garni sur ses murs de toute la friperie populaire. Chateaubriand passant ici, en 1828, remarquait que « les paysans fermiers de

Notre-Dame sont dans l'aisance et paraissent heureux ; les paysannes, belles et gaies, portent une fleur dans leur chevelure ». Les négociantes de Notre-Dame sont comme les paysannes d'autrefois, tout aussi prospères, et la fleur sur l'oreille. Fines italiennes, elles savent sourire des bibelots qu'elles offrent au bourgeois, si elles s'attendrissent lorsqu'elles tendent les mêmes au populaire. Seraient-elles encore capables de pousser le sens pratique jusqu'au point où Chateaubriand faillit en être le galant bénéficiaire ?

Il dormait paisiblement dans la chambre que lui avait offerte le prélat gouverneur. A minuit, la porte s'ouvre, et entrent un homme et une jeune fille qui s'approchent du lit, l'homme avec force courbettes, la fille dissimulée sous un voile. « Je suis veuf, dit l'homme, et je voudrais marier mon enfant ; mais je n'arrive pas à réunir la dot nécessaire. Si le magnifique seigneur ambassadeur voulait m'aider... Voyez ma fille ; elle est jolie. Il est dommage qu'elle ne se marie point ». Et le père lève le voile de l'enfant qui apparaît à Chateaubriand assez belle, pâle, modeste comme il sied, juste à point effarouchée. Et le père se dirigea vers la porte. Chateaubriand se hâta de le rappeler et remit à l'enfant quelques louis qui traînaient sur sa table. Puis il les congédia. Et le brillant, séduisant René d'autrefois se retrouve pour conclure :

« La vision de saint Antoine disparut. Je remerciai mon patron saint François, dont c'était la fête, et je restai dans les ténèbres moitié riant, moitié regrettant, et dans une admiration profonde de mes vertus ». On a souvent mis en doute la sincérité de Chateaubriand. En connaissez-vous de plus audacieuse que, chez ce vieillard glorieux, ce « moitié regrettant » glissé sans doute, si franc aussi ? Mais il savait s'y prendre. Hélas ! Je dois retourner ce soir à Ancône ; je ne saurai même pas si je puis, à l'occasion, me montrer héroïque comme mon maître.

Au bout du couloir, la place de la basilique enfin se déploie. Carré long dont trois côtés seulement, les deux petits et un grand, se trouvent ornés de monuments. Au fond l'église, en face de celle-ci le palais apostolique qui se continue à gauche en arcades pareilles. L'ensemble est de grand air. Le plan primitif, paraît-il, consistait à élever, sur le grand côté de droite, les mêmes arcades. Je ne sais si un tel ensemble, qui eût resserré la place, eût rendu celle-ci plus noble. Nous sacrifions toujours trop à la symétrie qui est l'un des moyens de l'art, mais non pas sa fin. Ainsi disposée avec ses deux galeries et son église, tandis que la quatrième face offre le pittoresque de maisons diverses et simples, avec sa fontaine centrale du XVIIe siècle, la place de Lorette se refuse à toute sévérité. Les deux étages de portiques du palais apostolique sont un peu froids cependant, par la faute de leurs arcs impeccables, d'une correction parfaite, que l'on voudrait un peu plus vivante. Ils jouissent de la froideur vasarienne, déjà ; ils n'accusent pas l'élan jeune et amusé du grand siècle, le Quattrocento ; l'un de ces êtres enfin auxquels on ne peut rien reprocher que d'être sans reproche. C'est très bien, c'est excessivement bien.

Alors, ayant salué au passage Sixte Quint, le grand bienfaiteur de Lorette, assis sur son trône en avant du portail, on pénètre dans l'église toute inondée, à cette heure où le soleil frappe droit la façade, l'une des meilleures assurément du XVIIe siècle par sa sobriété et son harmonie avec les colonnades du palais, on pénètre dans l'église inondée de lumière. Le vaisseau est ample, à piliers gothiques énormes, bien disposés pour les foules, ouvrant de larges nefs égales en hauteur, des transepts habilement arrondis en vue des flots de pèlerins qui peuvent s'écouler également. Au centre, la Santa Casa m'appelle ; je la laisse pourtant ; ma hâte est grande de courir à Melozzo et à Signorelli.

Melozzo, je viens de le rencontrer à Forli, Rome me l'a fait connaître aussi. Mais Lorette détient la seule grande œuvre d'ensemble qui subsiste de lui. On l'a comparé à Piero della Francesca qui fut son maître. Et certains procédés peuvent, en effet, les apparenter. Mais les procédés ne constituent pas l'artiste. L'âme seule compte pour celui-ci. Et l'âme de Melezzo se montre toute différente de celle de Piero. Nous verrons bientôt ce qu'est Piero. Melozzo est toute grâce dans la force. Je ne dis pas vigueur qui est la force dans son plein développement, mais force seulement, c'est-à-dire tension qui ne broie pas mais qui marque. Son coup de pinceau ne tremble jamais, une sûreté magistrale de conception le guide, mais l'émotion l'attendrit aussitôt, impose aux personnages leurs rondeurs solides, leur vol impétueux et leurs gestes harmonieux. Burckhardt dit de lui qu'il a le sens de la beauté et de l'action dramatique. Je ne les vois pas réunis. Oui, Melozzo sait être dramatique, comme dans la célèbre fresque du Vatican : *Sixte IV et ses neveux* et comme dans la fresque de Lorette : *l'Entrée à Jérusalem*. Mais alors nulle vraie beauté, au sens où Burckhardt l'entend, c'est-à-dire choix des modèles, ou artifice qui déforme ceux-ci en vue de l'impression agréable. Et si l'élève de Piero se révèle, c'est bien dans ces portraits et dans cette scène, élève rigoureux, réaliste et vrai. Tandis que la beauté, je la vois seule, triomphante, à la voûte de cette sacristie du Trésor d'où s'échappe l'envol d'anges les plus radieux.

La coupole est divisée en huit compartiments au riche décor où dominent l'or et l'azur. Une couronne de feuillage réunit les huit angles au centre. En dehors, une couronne plus large de têtes ailées, les plus fines, les plus tendres, les plus malicieuses têtes d'angelots que l'on puisse voir. Tous les sourires et toutes les gravités de l'enfance sont rendues avec une variété, une pénétration qui tiennent du prodige. Dans les huit pans, huit grands anges tenant en main chacun un instrument de la passion. Leur légèreté est extrême malgré les lourdes draperies qui les vêtent. Leurs ailes battent librement, et la grâce de leurs gestes accuse une ressource infinie. Mais les têtes! Si humaines et si célestes! En longs bandeaux roulées, en boucles profuses, brunes ou blondes, rejetées en arrière ou répandues sur le front, les chevelures ondulent et s'effeuillent — c'est le seul mot — dans l'air parfumé qu'on respire. Le premier ange sourit, le second s'attriste, un troisième reste grave, tous différents, d'une souplesse infinie de conception et de rendu. Ah! qu'il y a peu de dramatique, ici! au sens théâtral, mais rien que de la beauté, la plus saine, la plus pure, la plus haute. Melozzo jouissait d'un cœur candide, s'il n'était pas sans ironie, ce que prouvent les têtes ailées.

Cette âme fraîche pouvait-elle concevoir, d'autre part, la vigueur, si elle connaissait la force? Il suffit de voir les prophètes, assis au pied des anges envolés, pour en douter. La réalité de

Piero les inspire, mais non pas son âpreté. Ces vieillards chenus n'avaient pas grand' chose à faire pour paraître, sous la tendresse des enfants du ciel, graves et puissants. Ils ne sont que pesants, un peu gonflés aussi. Non, l'art de Melozzo, ne doit rien à Piero, si sa technique et sa discipline d'observation lui doivent quelque chose. L'art de Melozzo, c'est la douceur, le charme, tous deux dans la force qu'il atteignit à Lorette et, par conséquent, qu'il dût atteindre dans ses autres œuvres disparues, qu'il atteint sans égal.

De l'autre côté du même transept, dans la sacristie de la cure, jaillit comme la foudre Signorelli. Jamais contraste plus frappant ne s'est offert. Ici tout est vigueur, violence. Des anges aussi. Auprès de ceux de Melozzo, presque infernaux ! Le voilà, cette fois, l'élève véritable de Piero. Déjà à Monte Oliveto, à Orvieto et à Rome, nous l'avons approché. Jamais d'aussi près, jamais sous un aspect aussi brutal. Son œuvre de Lorette est des premières, au sortir de l'école de Piero. Il n'a pas encore appris les ruses du métier ; il ne s'est pas, non adouci, ce qu'il ne pourra jamais, mais assoupli. Une franche nature toute fruste, inapte aux concessions, quelquefois maladroite un peu, comme dans les robes des anges, mais par là même plus passionnante encore. Déjà il possède cette connaissance du corps humain qui en imposera à Michel Ange lui-même. Déjà il est dramatique, c'est-à-dire qu'il dispose la scène avec un sentiment de l'effet incomparable.

Deux fresques : la *Conversion de saint Paul*, l'*Incrédulité de saint Thomas*. Les gestes et les poses proclament une franchise, une incapacité d'atténuer, une honnêteté en un mot presque effarantes. Dans un palpitant désordre, les compagnons de Saül fuient l'apparition divine, tandis que Paul, à terre, lève déjà vers le ciel des bras vaincus. Le mouvement est encore un peu gauche, hésitant ; il cherche trop la variété, la personnalité et l'exactitude. Il est guindé. Mais guindé vers une telle vérité ! Et jamais, dans ses plus sûres exécutions de nus, Signorelli n'atteindra à la fermeté colossale de ces jambes et de ces dos, les célèbres hommes nus de Rome et d'Orvieto ne montreront de chairs plus fermes et plus fortes que celles-ci comprimées dans des maillots. Quant aux anges, qu'attendre, n'est-ce pas, d'un pinceau aussi fougueux et qui s'attaque aux grâces ? Signorelli n'aura jamais beaucoup de souplesse ; Melozzo, sur ce point, lui en remontrera toujours. Et les yeux pleins de l'un, il faut voir l'autre pour mieux classer ces maîtres. Signorelli ne cherche pas à plaire. Il semble même qu'il cherche plutôt à hanter. Et cependant, tant il est sincère, tant il voit juste, on perçoit dans ses anges une volonté bien arrêtée de calme et de douceur qu'il atteindra, d'ailleurs, à Orvieto. Mais sa nature impétueuse domine encore aujourd'hui. Alors le combat se livre entre les deux aspirations, combat savoureux, mais de cette âpre saveur que les noix laissent aux lèvres les plus épaisses. Les gestes paraissent contournés, ils ne sont que rares et difficiles. Les plis paraissent lourds, ils ne font que tomber. Et ces anges, pour cet homme qui poursuivait le mystère des corps, ces anges qui restent chez Melozzo des enfants, les voici des femmes, des femmes ondulées, bien en chair, aux bras bien formés, et dont les doigts agiles savent tout de même caresser. L'une, entre autres, aux longues boucles blondes, au cou solide de belle fille aimée, gratte sa guitare dans un mouvement de caresse ferme qui, à lui seul, est tout un voluptueux poème.

Jamais peut-être deux tempéraments plus divers ne se sont offerts côte à côte avec autant de maîtrise. Le voyage de Lorette, ne serait-ce que pour cette impression de grandeur et cette étude, s'imposerait encore. Aussi, est-il bien difficile, après cette vision, de rester équitable pour les fresques modernes de l'abside et pour celles de la coupole.

Les premières, par un allemand, Seitz, achevées voici quelques années à peine, ont déjà fait bien du bruit dans le monde. Lorsqu'on sort de voir Signorelli et Melozzo, on en aperçoit aussitôt l'indigence. Pourquoi se tant démener, pourquoi accumuler ainsi tant de choses, alors que, avec cinq hommes et huit anges, on atteint le sublime ! Toute la palette, toutes les palettes sont répandues sur ces murs. Un fouillis inextricable de personnages, dans un amas d'architectures et de décors dorés, des anecdotes puérilement précisées, la peinture de genre haussée à la grande composition, un manque de sérieux et de simplicité qui confondent... Et, avec cela, une richesse incomparable, une fertilité d'imagination, une science, tous les maîtres bien appris, retenus et utilisés, depuis Greco jusqu'aux plus modernes, des détails exquis de vérité et de dramatique, de véritables trouvailles presque géniales à côté de puérilités, des gaucheries sans nom à côté de naïvetés presque sublimes, des poses d'un naturel émouvant à côté de contorsions ridicules, bref tout l'arsenal de la pitrerie qui fait ressembler quelquefois ces fresques aux images des devantures de la ville — et, auprès, à l'instant, un élan vers la grandeur qui remue les meilleures fibres. Chaos, chaos ! Ah ! trop bien faire ! Ce Christ qui rencontre Marie au pied de la croix est « trop Greco »; Madeleine avec ses cheveux en macaroni s'affiche trop professionnellement ; le guerrier en armes, agenouillé, du *Crucifiement*, est criant de vérité ; les assistants à l'*Ensevelissement du Christ* sont d'imposants bourgeois de Dürer, d'une noblesse bien méditée ; dans l'*Adoration des Mages,* le page bleu est digne de Melozzo lui-même ; l'*Annonciation* enfin atteint presque au chef-d'œuvre. Le mot est trop fort ? Disons mieux : voici une œuvre considérable, des plus méritoires, qui pêche par excès, mais qui, épurée, aurait compté parmi les grandes œuvres décoratives de notre temps.

La Santa Casa, sous le dôme central, est tout entière enveloppée, comme dit l'historien de Lorette, M. Arduino Colasanti « dans un poème de marbre ». La petite maison de briques a été comme mise en boîte, en écrin, un écrin sculpté sur toutes ses faces. Pendant soixante-dix ans, des générations de sculpteurs travaillèrent à l'œuvre sainte : Bramante qui fournit des dessins, Sansovino, Bandinelli, Tribolo, Raffaelle da Montelupo, Francesco da San Gallo, Simone di Michele da Settignano, Rovezzano, Solari, Guglielmo della Porta enfin, bref toute l'école de la dernière heure, le XVIe siècle de Rome et de la Toscane, non gâté encore. Les principaux épisodes de la vie de Marie sont retracés sur les quatre faces en tableaux minutieux, et le moins étonnant n'est pas de constater l'unité d'une œuvre aussi diverse d'exécution. Visiblement, chacun s'est appliqué à effacer sa personnalité pour ne penser qu'à l'objet. De telle sorte que l'œuvre reste d'un ensemble agréable et fin, sans jamais exciter l'enthousiasme. Quelque panneau que l'on regarde, on n'y trouve rien à redire, sinon presque rien à dire, et son voisin se confond bientôt avec lui dans le souvenir. L'écrin de la Santa Casa ne peut distraire longtemps, s'il ne l'offense pas, du bijou qu'il renferme, bijou dont le chaton est ouvert pour nous laisser entrer enfin.

Il fait noir, très noir. Des lampes d'or pendent d'un plafond invisible, éclairent à peine la petite chambre. Le long des murs, des ombres se détachent peu à peu, des êtres agenouillés qui prient. J'ai failli marcher sur elles prosternées. Au fond, l'autel tout couvert d'or, mais dont les petites lampes de cire et d'huile, en veilleuse, sont disposées de façon à atténuer leur propre clarté. Ces lumières, cependant, semblent disposées en un certain ordre. Je suis leur ligne, et les voici qui me mènent, derrière l'autel, vers la Vierge, vers la statue en bois de cèdre sculptée par saint Luc. Là-haut, dans sa niche, derrière la vitre, la petite idole de bois noir, brille de toutes ses robes chamarrées, écrasée sous le poids des pierres précieuses; la tête disparaît sous sa couronne et sous ses perles en collier. On ne voit que les bijoux, d'ailleurs, qui scintillent autour d'une tache noire. La niche est elle-même décorée d'arabesques de diamants dont les flammes aveuglent encore plus. La rigidité des soies brochées d'or indique seule le petit corps de bois qui, là-dessous, s'émiette chaque jour... Derrière moi, le peuple entre et sort, retenant son souffle, étouffant ses pas : c'est le silence, le grand silence absolu ; en dépit des feux des pierreries, c'est le caveau même de la mort.

Je vais partir, lorsque tout à coup je me souviens. Je ne suis pas venu ici, en effet, seulement pour les arts. Un peu de piété littéraire aussi m'a poussé, et que Melozzo et Signorelli m'avaient fait oublier. Dans son étrange *Voyage d'Italie*, où il parle si sèchement de ce qu'il voit, avec tant d'attendrissement de ce qu'il fait et qui est le produit de sa gravelle, Montaigne raconte qu'il est venu à Lorette et qu'il y a déposé son petit ex-voto. Ce présent à la Vierge, il le décrit minutieusement ; c'est un tableau portant quatre figures : Notre-Dame en haut, et, en bas, trois portraits avec ces incriptions : *Michel Montanus Gallus Vasco, Eques Regii ordinis 1581. Francisca Cassaniana, uxor. Leonora Montana filia unica.* Et Montaigne ajoute qu'il a suspendu ce tableau dans la Santa Casa « à main gauche de la porte qui est au coin, et non celle de fer ». Hélas ! je n'ai pas besoin de chercher quelle est cette porte, de m'orienter. De quelque côté que je me retourne, je ne vois que des murs nus, sauf au fond, près de la Vierge, où ne luisent que des cœurs et des croix d'or, de rubis, de diamants. On n'a laissé ici que les pierreries. Plus de dépouilles modestes. Tout est sombre autour de moi, et j'ai beau promener mes doigts « à main gauche de la porte qui est au coin », et même de l'autre porte, à main droite aussi pour être sûr de ne pas me tromper! je ne rencontre que les aspérités du crépi. Montaigne n'est plus là. Si je le cherchais?

Après un regard jeté aux compositions modernes, par Maccari, de la coupole, plus modérées et plus habiles que celles de Seitz, mais trop habiles aussi, j'ai couru au Trésor, une grande pièce toute garnie de vitrines scellées. Minutieusement, j'ai tout inventorié. Et parmi les objets les plus étranges, cuillers russes, timbales, ronds de serviette, bracelets, boucles d'oreilles, décorations, pendentifs, jusque un habit brodé mauve de seigneur galant, je n'ai pas rencontré le regard de Leonora. J'ai demandé au sacristain. Il ignorait Montaigne. *Un grande scrittore francese*... lui ai-je expliqué. Il m'a regardé avec de grand yeux, il et m'a répondu que les armoires ne contenaient rien qui ressemblât à ce que je désirais. « Voyez aux archives », me dit-il. Mais je crains que ce ne soit pour se débarrasser de moi? J'y vais pourtant. Je monte sous les arcades du palais apostolique; au moment où je sonne, mon guide me montre un prêtre au col liséré de rouge: *Monsignore è francese*. Un fin sourire m'accueille, une obligeante bonne grâce s'offre à me renseigner. Écoutez la triste histoire de Montaigne.

En 1796, Bonaparte triomphant traversait l'Italie avec son armée victorieuse, et marchait sur Rome pour obliger Pie VI à lui céder le comtat Venaissin et la Romagne. Le traité de Tolentino les lui donna, et Bonaparte, pour le signer, en février 1797, était venu jusqu'à Macerata, à quelques kilomètres de Lorette. Il voulut voir le sanctuaire, et il habita, pendant quelques jours, le palais apostolique. Mais, hélas ! ses troupes l'avaient précédé, ses troupes qui se promettaient un beau pillage des trésors de la Vierge. Ce fut, dans l'église et dans la Santa Casa, une belle ruée. Un cri de rage retentit jusque sur la mer ; le pape, prévoyant l'invasion, avait fait transporter à Rome tous les cœurs, croix, patenôtres d'or, d'argent, de rubis, de diamants dont la sainte basilique regorgeait. Ainsi émigrèrent vers Rome les couronnes en diamants de la Vierge et de Jésus, offertes par Louis XIII pour obtenir la grâce d'engendrer un fils, couronnes où l'on comptait trois mille trois cents pierres ; un bandeau, des colliers, des chaînes, des ceintures, le globe, dons des empereurs ; les lauriers d'or qui entouraient la niche ; les soixante-deux lampes d'or ; l'ange d'or couvert de diamants offrant à la Vierge un cœur enflammé qui portait une lampe toute en rubis donné par la mère de Jacques III, roi d'Angleterre ; le remerciement de Louis XIII, son effigie portant le petit Louis XIV du poids de vingt-quatre livres ; le grand Condé en argent pour remercier la Vierge de l'avoir délivré de sa prison, en 1651...

— Mais Montaigne, par pitié, Monseigneur !

Tout s'en alla. Tout le précieux du moins. Et ne restèrent plus sous les yeux de la Vierge que les choses sans valeur, les humbles offrandes. Alors, les soldats de Bonaparte, qui escomptaient un beau pillage, saccagèrent les miettes. Montaigne, sans doute, ce portrait sans or et sans diamant, dont la seule richesse était de nous conserver les traits précieux, Montaigne resta « à main gauche de la porte qui est au coin », et les Français le piétinèrent...

Triste destin de Montaigne ! Je pleure le fratricide, et, en faveur de cette seconde mort, j'abdique toute ma rancune contre la gravelle qui jeta tant de cailloux sur le chemin de Montaigne qu'il ne put à peu près rien voir. Ma déconvenue se lit dans mes yeux, et Monseigneur de X, Français attaché à la basilique où la France possède encore quelques biens, Monseigneur veut me consoler. Il me fait entrer dans le palais apostolique, où les appartements du pape contiennent quelques tableaux, et surtout une collection de porcelaines des Marches comme peu de musées en possèdent. Tous les rayons, toutes les flammes ! J'en auréole, bien mieux que des cœurs d'or et des croix de rubis, la Vierge Sainte, et tristement je redescends la colline. Lorette n'a rien perdu de sa gloire ni de sa puissance pour ne posséder plus l'image de Montaigne. A cette minute, elle perd, cependant, un peu, pour moi, de son attrait. Et pour ne pas quitter trop vite le sage bonhomme, je récite mes profanes litanies que j'ai empruntées à son prosaïque génie :

« Lorette est un petit village clos de murailles et fortifié pour l'incursion des Turcs, assis sur un plan un peu relevé, regardant une très belle plaine, et de bien près la mer Adriatique ou golfe de Venise... Il n'y a quasi autres habitants que ceux du service de cette dévotion, et si les logis y sont assez malpropres, et plusieurs marchands, savoir vendeurs de cire, d'images, de patenostres, d'Agnus Dei, de salvators et tels denrées... »

Rome devrait bien nous dire ce qu'elle a fait de Louis XIV pesant vingt-quatre livres, du prince de Condé, et peut-être aussi, j'espère encore, de Montaigne ?

IX

LE DIAMANT

Gubbio.

Ce matin, à la première heure, j'ai quitté l'Adriatique et franchi la chaîne des Apennins pour gagner le bassin méditerranéen, la vallée tibérine. Encore une fois j'ai laissé Iesi sans y monter. Il faudra donc bien revenir à Ancône, afin, un beau matin, de visiter la patrie de Frédéric II. Elle a si grand air, elle est si imposante qu'il me faut tout mon désir de passer quelques heures à Gubbio, avant d'arriver à Città di Castello où je suis attendu, pour me retenir de sauter du train. Fabriano, patrie de Gentille, je la brûle aussi, et, à Fossato, je laisse le convoi courir vers Foligno, pour prendre le petit train-tramway qui va me conduire à Gubbio.

De l'Ombrie, les voyageurs ne connaissent guère que les vallées de Chiana, du Tibre à partir de Pérouse, et du Clitumne; Pérouse, Assise, Foligno, Spolète absorbent la curiosité, et la satisfont au delà de l'attente. Les petites vallées, cependant, de la haute Ombrie, aux confins mêmes des Marches, méritent de retenir nos pas. Ne s'y voient pas l'amplitude généreuse des horizons d'Assise, de Montefalco et de Spolète, ni la floraison abandante d'un art renommé. Ne peut s'y constater la succession ininterrompue de villes riches et fertiles en souvenirs. Les vallées sont étroites. L'art n'a pas engendré d'école remarquable. Les cités ne sont que secondaires en monuments et en histoire. Mais peut-on être tendu toujours? Le trajet de Fossato à Arezzo procure un délicieux repos, grâce à son paysage étroit, calme, riant, accidenté et non pas bouleversé, grâce à ses villes discrètes et qui, chacune, contiennent une ou deux œuvres qui suffiraient à nous attirer. Borgo san Sepolcro possède un Pierro della Francesca que pas une sœur italienne ne puisse envier; le Signorelli de Città di Castello peut lutter avec ceux de Lorette; Gubbio enfin rassemble, dans un site tragique, deux ou trois monuments dignes des plus brillants destins.

Tout ici cependant est tranquillité, repos, douceur et charme. Dans cette petite vallée que le tramway trace avec peut-être plus d'unité que ne lui en accorde la géographie, on éprouve la sensation d'une retraite totale. Dépressions de hauts plateaux, les fonds où l'on roule sont bordés de montagnes qui les ségrègent du monde. Qui donc viendrait jamais vous chercher là? Derrière le mur de droite, l'Adriatique; derrière celui de gauche, la vallée du Tibre et les grands noms de Pérouse et d'Assise. Tous bruits de mémoire, toute agitation des hommes se heurtent aux murailles garnies de ces herbes échevelées que semblent les arbres sur ces sommets, se heurtent et y meurent. Le vent lui-même ne les passe pas, ou, s'il en retombe, c'est comme la poussière impuissante des vagues sautant par-dessus la digue. Un air léger, frais, silencieux, vous baigne, vous pénètre de bien-être, vous invite au séjour.

Gubbio, cependant, me paraît bien rude pour s'y fixer. Certes, elle est, comme on dit, la perle de la contrée ; je dirais plutôt le diamant dont elle possède l'éclat sans pareil, mais un peu sec et distant. La voir, il le faut, car elle est incomparable ; s'y arrêter longtemps, on n'en sent pas le désir. Assise sur les pentes du mont Ingino, elle règne sur la campagne sans s'y mêler. De stature puissante, elle nourrit une fierté qui l'écarte des grâces fraîches, prés, bois, vergers, ruisseaux, répandus à ses pieds, et les éloigne d'elle intimidés. Elle grimpe sur sa montagne pour fuir les promiscuités. Et nous allons vers elles avec admiration mais sans amour.

A ses débuts, Gubbio siégeait d'ailleurs dans la plaine, au pied même des rochers où elle se réfugia pour échapper aux invasions provoquées par sa prospérité. Car Gubbio fut grande entre toutes les cités de l'Ombrie, avant que la puissance étrusque soumît cette terre celtique. Les Romains l'englobèrent dans la conquête de l'Étrurie, et, de leur passage, il reste encore les ruines d'un théâtre auprès duquel furent trouvés les fameuses « tables eugubiennes », le principal document qui nous soit parvenu sur les peuples obscurs de ces contrées. Vinrent les Goths qui rasèrent la ville, et les habitants montèrent aux pentes de l'Ingino qu'ils n'ont plus quitté.

Mais ils y emportèrent leur orgueil d'avoir habité une ville maîtresse, le centre commercial et cultuel de la région ; et les vicissitudes par lesquelles passa la cité sont empreintes de ce souvenir. La Gubbio du moyen âge et de la Renaissance, qui subsiste aujourd'hui, en est imprégnée, et elle lui doit son air altier qui paraît sévère au milieu de ces riantes campagnes dont la voix ne lui murmure qu'un reproche de déchéance. La porte Trasimène franchie, une large esplanade s'étend, fermée d'un côté par des arcades, d'un autre par une église gothique, San Francesco, remaniée au XVIIe siècle. En face, les premières maisons de la ville, entre lesquelles monte à l'assaut la rue Paoli. Je fais appel à mes jambes d'Urbin, lorsque, il y a douze ans déjà, je grimpais la contrada Raffaele. Mes jambes répondent sans trop de mauvaise grâce à ma sollicitation, et je les encourage en leur montrant le mur d'en face qui va bientôt nous obliger à l'arrêt. Mais quelle rue ! Elle doit être curieuse, les jours de pluie. Les maisons qui la bordent s'élèvent à une hauteur menaçante, d'un équilibre prodigieux. Un vrai tuyau de gouttière enfin. J'ai rencontré le mur. Il borde une rue transversale, plate celle-là — la gouttière — mais non moins angoissante, car le mur n'est que de soutènement. Il va falloir non point le braver, mais le tourner : ce mur porte une terrasse qui m'attend.

La rue transversale suivie un instant, j'ai rencontré une autre voie non moins torrentueuse que la première, et, la terrasse, je la foule victorieusement. La vue est superbe. Toute la vallée paresse au pied de la ville, tourne lentement avec des coquetteries de collines et des colères de rochers, tandis que, en face, la montagne ferme l'horizon de sombres verdures. En bas, à droite, les ruines du théâtre romain dessinent leurs grandes arcades en ellipse. Un grand palais de style XVIIe siècle, autrefois riche en collections dispersées aujourd'hui, le palais Ranghiaci, ferme la place du côté opposé à la terrasse. Les deux autres côtés sont occupés par le palais des Consuls et le palais Pretorio, mais qui ne se regardent pas, pour ne pas s'injurier sans doute. Le premier est construit en angle droit avec la terrasse, le second est adossé à celle-ci. Et c'est le premier qui constitue la principale gloire de Gubbio.

Si familiers, en effet, que vous soient les palais publics de Toscane, vous ne pourrez pas ne pas trouver à celui-ci, non une étrangeté, mais une vigueur inconnue, presque de la sauvagerie. Ni à Florence où le Palazzo Vecchio possède tant de majesté, ni à Pérouse où le palais communal jouit de tant de force, ni à Sienne où il est plus formidable encore, ni à Montepulciano, ni à Crémone où il sourit presque, nulle part enfin, d'Emilie en Romagne, de Toscane en Ombrie, vous ne trouverez quelque chose qui soit aussi rétif à toute grâce, aussi délibérément terrible, volontairement rêche, et qui repousse autant. Une masse carrée que séparent en trois parties deux piliers plats ; un lourd perron de pierre conduisant au rez-de-chaussée percé exclusivement d'une porte et de deux fenêtres gothiques : au-dessus trois petites lucarnes ; et plus haut, surmontant un bandeau léger, six fenêtres jumelles que couronnent des créneaux gibelins. C'est tout ; rien qui accueille, rien qui veuille plaire. Des murs nus, rien que des murs, à peine troués pour livrer un passage aux gens et à une pauvre lumière. Sur la gauche, cependant, une petite tour crénelée et un bâtiment annexe, plus bas, destiné à porter une loggia qui regarde la vallée.

L'intérieur est pire encore. Une grande salle

voûtée occupe tout le rez-de-chaussée, lourde, au jour louche, une vraie salle de prison. Dans un coin, un escalier droit comme une échelle conduit à l'étage supérieur, divisé en chambres où se tenaient les divers services de la commune. On en a fait aujourd'hui un musée plein de souvenirs et de reliques eugubiennes et ombriennes.

Quels étaient donc ces consuls qui se logeaient si farouchement? Ils étaient ceux-là mêmes que nous avons rencontrés tant de fois. Gubbio ne se distingua pas dans ses vicissitudes des autres villes italiennes, si elle y apporta une humeur peu commune. Nous pourrions nous attendre, n'est-ce pas, à la trouver guelfe, elle vieille ville italique? Mais nous savons que, dans le sentiment guelfe, se cache toujours un fond romain. Gubbio ne pardonnait pas à Rome sa conquête : elle avait exercé une trop grande hégémonie sur la contrée pour accepter le second rang. Aussi, dès que le mouvement impérial se dessine, elle devient gibeline. La faiblesse romaine l'y encourage, et, grâce à la protection impériale, elle peut croire qu'elle retrouve sa puissance eugubienne. Le traité de Constance lui profite même, ce traité fait aux dépens de son allié l'empereur, mais qui assure aux communes la libre disposition de leurs destinées, le traité de Constance, le plus grand acte d'émancipation communale qu'ait jamais enregistré l'histoire.

Il faut maintenant organiser la commune et la défendre. Pour l'organiser, on a recours à un conseil, plus ou moins nombreux, composé des principaux citoyens. A Gubbio, ces citoyens se nomment consuls. Ils sont au nombre de deux d'abord, puis de quatre, puis de huit, chargés du pouvoir exécutif et judiciaire. Pourquoi cet accroissement? La ville a absorbé peu à peu les féodaux de la campagne environnante, restes des invasions lombardes, franques et allemandes, et à qui la vie dans les petites communes devient impossible, maintenant qu'on possède la liberté. Ils se réfugient dans la plus importante des cités voisines, et là, en dépit des suspicions, peu à peu ils se haussent aux affaires dont ils ont l'habitude et le loisir. Le noble devient consul. Sous une forme populaire, il n'est que le seigneur d'autrefois.

La démocratie s'en aperçoit. Alors elle double le nombre de ses dirigeants pour qu'ils s'annihilent les uns les autres. Mais ils se disputent ; on leur donne un chef qui prend l'exécutif, ne leur laisse que l'administratif. Ce maître, le podestat, devient aussi dangereux qu'ils l'étaient. Alors on le double, lui aussi, à Gubbio, d'un capitaine du peuple, exactement calqué sur le tribun romain. Cela fait bien des rouages qui ne tournent pas sans friction. En 1331, Gubbio élève deux palais, l'un pour la commune, ses délibérations et son administration, le palais des Consuls, l'autre pour le podestat, le Pretorio d'aujourd'hui. Il suffit de voir la modestie de celui-ci auprès de l'autre, de même style mais si pauvre, pour comprendre la méfiance envers le podestat. Et on pousse la précaution jusqu'à éviter que les deux palais s'affrontent ; on leur fait presque se tourner le dos.

Au moment même où Gubbio élevait ses palais de liberté communale, une faction guelfe profitait de la mort de Manfred pour passer au parti du pape. Gubbio, toute à la joie d'être sa maîtresse, ne se préoccupe guère de cette offrande de sujétion nominale. Le pape, d'ailleurs, la ménage pour la garder. Et le pape réside depuis si longtemps à Avignon, qu'il semble bien qu'il ne reviendra plus. Chacun veut en profiter, les nobles pour reprendre leur rang et leur assiette. Et un beau matin, de 1350, Giovanni dei Gabrielli jette dehors consuls, podestat, capitaine, et se proclame seigneur. Albornoz dut venir en personne le chasser. Gubbio rentre sous le gouvernement pontifical qui se montre plus ferme. Finalement, elle appelle le Montefeltro d'Urbin pour qu'il la protège et gouverne : petit coup d'État gibelin en somme contre le pouvoir pontifical. Sous une forme un peu différente, c'est toujours et partout la même chose : podestat promu, seigneur improvisé, ou voisin à qui on se donne, le coup est le même, la ville prend un maître à qui, comme Gribouille, elle confie des destinées dont les factions qui déchirent son sein l'empêchent de disposer à ses guises.

La liberté civile ne pouvait exister, en Italie, que par les Guelfes. Seul le pape pouvait fédérer les résistances aux tyrans divers autant qu'à l'Empereur. Seule la politique de la Ligue lombarde était bonne. Gubbio, en dépit de certains répits, fut toujours gibeline, et ses monuments rétifs et méfiants traduisent exactement son âme orgueilleuse, trop fidèle aux grands souvenirs, butée, mal à l'aise dans sa contradiction sociale et politique, le gibelinisme au milieu duquel elle s'obstine à vivre, et dont elle finit par mourir.

*
* *

L'historien de Gubbio, M. Arduino Colasanti, a fort bien résumé cette histoire, s'il n'en a pas, peut-être, suffisamment dégagé les lois générales, le sens italien. Avec lui cependant nous nous rappellerons ces luttes où palpite tant de vie, en allant du palais du Podestat à celui des Consuls, en foulant ce pavé qui vit se dérouler tant de grandeur et tant de misère. « De là, dit-il, les premiers magistrats guelfes, après la mort de Manfred, partirent pour offrir au pape la soumission de la ville ; là Uguccione della Fagiuola, le fier gibelin ami de

Dante, exerça pendant quelques jours la suprême puissance ; là, Galeotto Malatesta, battu par Albornoz, resta longtemps prisonnier, et l'évêque Gabriele dei Gabrielli exerça la tyrannie d'où sortit la révolution ; là enfin fut signé le traité solennel qui donnait Gubbio à Antonio di Montefeltro. De ce jour alla déclinant l'importance civile du palais des des Consuls. Né avec la liberté et pour la liberté, il voyait s'éteindre avec elle le cycle glorieux de son histoire. Encore quelques lustres et le palais des Montefeltro montera plus haut encore que la tour de la maison consulaire. Au mâle édifice respirant une fierté républicaine succèdent les joyeux portiques où, dans le rajeunissement de l'esprit italique, l'art répand à pleines mains toutes ses suggestions et tous ses sourires ».

Suggestions et sourires ont disparu. Le palais ducal n'est plus qu'une carcasse. Et jamais je n'en vis d'aussi rébarbative. Deux de ses côtés bordent deux rues larges comme un ruisseau et hautes comme un précipice. Ce n'est pas un palais mais une prison, encore bien plus par la sécheresse de ses murs nus aux fenêtres avares. Et, si haut perché qu'il soit, plus haut encore que le palais des consuls, que la place, que toute la ville, on ne le voit pas. Il voit, lui, mais n'est pas vu. Il surveille, caché derrière on ne sait quoi, au milieu d'un amas de maisons plus vieilles que lui, sur et sous le rocher même d'où il a dû, évidemment, dénicher un aigle pour s'y mettre. Palais, je veux bien, mais qui se défie terriblement. Et celui qui l'éleva, y habita, s'y plut, se nomme Frédéric de Montefeltro, le délicat artiste et humaniste que nous avons connu à Urbin, le mari de Battista Sforza — et voilà cent ans à peu près que Gubbio s'est donnée à son aïeul Antonio quand il s'y installe ! Où donc le palais d'Urbin si large, ouvert, accueillant et même empressé ? Montefeltro après cent années de puissance craint encore les réveils eugubiens. Et s'il ne renonce pas au palais où tous les arts rivalisent, il a bien soin de choisir un lieu élevé que la nature protège.

A l'intérieur, bien à l'abri, on se rattrapait. Gubbio n'a rien gardé des trésors qui s'y entassaient. Le palais de Mantoue, auprès de celui-ci semble tout neuf. Dans la cour, petite mais pareille à celle d'Urbin, les herbes poussent et les pierres tombent. Les cheminées s'effritent, les escaliers s'écroulent, les planchers s'effondrent, les murs penchent, voilà ce que le temps aidé par les hommes a fait de l'œuvre de Laurana. L'État a commencé à la réparer. Mais que de temps il y faudra ! Quelques cheminées déjà ont été mises en état, non point rivales des cheminées d'Urbin, mais fort belles aussi. Des plafonds aussi ont été soutenus, un escalier rendu praticable. Et on ne distingue que mieux, mi-ruine, mi-sauvetage, l'horreur de cette destruction. Car, ne vous y trompez pas, ce palais revêche et grognon est remarquable. Structure, proportions, parures en font encore l'un des monuments les plus caractéristiques des édifices privés de la Renaissance. Et je comprends fort bien que ses propriétaires l'aimassent.

« On y voyait à profusion, dit M. Arduino Colasanti, les trésors de la sculpture, de la marqueterie, de la peinture. Un riche cabinet tout en marqueterie a été acheté par le prince Lancelotti, et se trouve aujourd'hui à Rome. Deux des plus belles cheminées ont été achetées par le duc de Chaulnes, et revendues par celui-ci à un Florentin. Plus d'ornements aux fenêtres, plus d'architraves où s'enroulait la plus belle flore, plus de corniches sculptées, de consoles toutes différentes, de terres cuites vernissées et peintes ; tout ce que la magnificence avait désiré posséder, et ce que deux générations d'artistes avaient conçu, tout cela a été dispersé, détruit. La rage vandalique ne s'est arrêtée qu'à l'ossature de l'édifice, et, après avoir démoli plafonds, cloisons, escaliers, elle abandonne les misérables restes de ces richesses à la lente et inexorable dévastation des années, qui pulvérise les revêtements des pierres, et mine les fondations du gigantesque squelette en dissolution ».

Elle vivait là, cette cour des Montefeltro, à

l'abri des surprises, jouissant d'autant plus des biens mal acquis qu'elle les sentait peu sûrs. La messe elle-même ne pouvait les mettre en péril, lorsqu'ils s'y rendaient. En effet, un pied encore dans le palais, on pose l'autre pied sur la première marche de l'église. Entre les deux seuils une rue, si ce ruisseau peut s'appeler une rue. Église cathédrale sans apparence, elle non plus, au modeste portail avec lunette portant les emblèmes des Évangélistes et, au tympan, l'agneau du Baptiste. A l'intérieur une seule nef, sans ampleur d'ailleurs. Des fresques ornaient les murs autrefois. Elles ont disparu. Quelques tableaux aux autels les ont remplacés; on les nomme de l'école dite eugubienne, si c'est constituer une école que de travailler dans un pays. Combien déchus, en tout cas, ces « écoliers » du premier maître Oderigi que nous ne connaissons, il est vrai, mais le témoignage suffit, que par Dante: *Oderisi, l'onor d'Agobbio et l'onor di quell' arte che alluminare è chiamata in Parisi!* D'Oderigi, dont il ne reste rien, il semble être sorti une génération dont le chef fut Palmerucci qui a laissé d'assez nombreuses fresques dans les églises de la ville, toutes assez fades, mais d'une couleur claire et brillante.

Ottaviano Nelli cependant, demeure la gloire de Gubbio qui garde son chef-d'œuvre dans l'église Santa Maria Nuova, là-bas, à l'autre bout de la ville.

On suit une longue rue tracée à l'abri du mont Ingino dont l'échine s'étend tout le long de la cité, une de ces rues en couloir dont on ne s'étonne plus, et dont la sévérité n'apparaît que dans le souvenir. Les images s'impriment souvent dans le cerveau sans que celui-ci réagisse aussitôt. C'est, en somme, le phénomène habituel à l'enfance qui ne sollicite rien et garde tout. Aussi ne faut-il pas, en voyage, s'efforcer de voir, mais se planter devant les choses, les recevoir simplement ; elles se classent bientôt à leur rang, à leur valeur. Et si, un moment, la mémoire défaille, une page de guide, une mauvaise carte postale font tout jaillir à nouveau avec vigueur et justesse.

C'est ce qui vient de m'arriver avec la fresque d'Ottaviano Nelli. Pendant une heure, tandis que j'écrivais, je l'ai cherchée en vain dans tous les coins de mon cerveau, et la voici tout à coup qui reparaît avec tout son éclat, au coin de la rue, grâce à un pâle bout de carton. C'est une *Vierge trônante* environnée de saints et d'anges, et que Dieu le père, descendant du ciel parmi ses chérubins, s'apprête à couronner. Et je retrouve là cette facture si claire et minutieuse de Palmerucci, due sans doute au miniaturiste Oderigi, véritable joie de lumière. Les formes sont encore gauches, mais elles ne sont pas lourdes. Les anges musiciens jouissent, au contraire, d'une grâce délicieuse, d'une finesse presque toscane. N'oublions pas que Nelli fut un des précurseurs de l'école ombrienne. Il en a déjà toute la suavité ; il n'en a pas encore la fadeur, si doit l'avoir son *Annonciation* de Foligno. L'œuvre eugubienne de Nelli garde encore et aussi une vigueur qui se perdra vite lorsqu'il passera la montagne. Ici, dans cette ville si sèche, si nette, si rêche, il est tenu. M. Colasanti nous dit, il est vrai, que Nelli fut influencé par les Siennois Lorenzetti et Simone Martini. Mais que ces derniers aient pu tenter l'ombrien Nelli, n'est-ce pas déjà beaucoup, et ne devons-nous pas ce résultat à Gubbio elle-même ? Gubbio seule, parmi toutes les villes d'Ombrie, donna des peintres sans mièvrerie toujours, naturalistes souvent et, comme l'est Palmerucci, vulgaires quelquefois !

J'aurais aimé, cependant, trouver quelques restes du grand art de Maestro Giorgio, *vasorum pictor*. C'est en 1498 que Giorgio Andreoli, fuyant Pavie où il était compromis dans la conspiration qui tua Galeas Marie, arriva à Gubbio et demanda protection à Guidobaldo. J'aurais voulu m'y rappeler quelques autres souvenirs encore, la vieille fête des *Ceri* qui est célébrée chaque année depuis sept ou huit cents ans, la figure de Lorenzo Strozzi, fils de Pallas, et qui mourut ici assassiné par un jeune garçon de Gubbio dont il était le précepteur : Cosme avait réduit un Strozzi à se louer à gages. L'implacabilité de Cosme, la prudence de Montefeltro, combien ces éclairs rapides éclairent les âmes ! Un beau vernis recouvrait cette Renaissance, et Gubbio ne reçut qu'une couche très légère de ce vernis. Retirée sur la montagne, aux pentes d'une vallée elle-même retirée, elle n'a jamais admis, au fond, une civilisation qui se développait aux dépens de sa grandeur. La civilisation d'*Ikuvini,* son premier nom, lui sembla toujours devoir suffire au monde. Nous avons vu que ses deux principaux monuments tiennent l'un de sa rancune, l'autre de son souvenir. Et, en dehors d'eux, il n'en est aucun qui vaille plus qu'un regard pieux, sans extase. La gloire de Gubbio est toute, hors deux ou trois détails, toute dans ses lignes, sa blancheur sur les monts, sa dignité très haute ; aspect inoubliable, œuvres vite oubliées. Et la légende franciscaine du loup d'Agobbio reste encore le symbole le plus exact de l'histoire comme des traits nerveux et rétifs de la ville.

X

LE TIBRE INNOCENT

Città di Castello.

Cette petite rivière presque ruisseau, c'est le Tibre. Mais est-ce bien lui ? Nous, voyageurs que la géographie n'inquiète guère, ne connaissons de Tibre que romain. Nous ne le voyons que limoneux, large et chargé d'années, roulant ses lourdes eaux parmi des paysages amples ou tourmentés. Et vraiment ce cours d'eau s'amusant au fond d'une gracieuse vallée, entre des saules et des peupliers qui trempent dans le petit ourlet de son écume, vraiment ces eaux vertes, d'un vert tendre que clarifient encore les cailloux du lit à fleur de rives, ne disent rien qui corresponde à ce qu'évoque en nous l'héroïque nom. Tout près d'ici, en effet, en terre toscane, si Castello siège encore en Ombrie, le Tibre prend sa source. Il n'a pas encore eu le temps de recueillir de l'histoire. S'il se montre modeste, en revanche il se fait voir charmant. Je viens de passer quelques instants dans un petit jardin public qui domine le lit verdoyant, et rarement spectacle plus frais, plus tendre ne m'est apparu en cette Italie presque toujours solennelle, spectacle d'arbres légers et frêles, de prairies délicates que couronnent cependant des montagnes, mais des montagnes boisées où se prélassent d'élégantes villas.

La ville, toute ceinturée de remparts, n'est assise sur aucun pic. Elle est plate, répandue dans la plaine, s'y mouvant aisément. Sept mille habitants tout au plus la remplissent et l'animent, peuple agricole, sans autre histoire que les aventures communes, y compris le passage de la trombe seigneuriale, sous les espèces des Vitelli. L'aimable ami qui m'y reçoit et m'y promène m'assure qu'il y a compté jusqu'à huit palais Vitelli. Le plus grand de tous, et le plus récent peut-être, surveille la descente du train, véritable monument du XVIIe siècle, d'après les desseins de Vasari, dit-on. Il est considérable, mais plus considérable encore le jardin qui l'ombrage, parc aux arbres magnifiques, et agrémenté d'une palazzina, loggia bâtie sur les murs mêmes de la ville.

Un autre palais Vitelli, le plus curieux, est celui dit de la Cannoniera. Tout à l'autre bout de la ville, jouxtant les murs aussi, mais du côté du Tibre, il possède pour nous le charme des ruines qui se relèvent de leur tombeau. Nettoyé bientôt, approprié pour le musée qu'il abritera, il offrira l'intérêt que possèdent toutes les vieilles demeures où vécurent ceux dont les exploits sont restés dans les mémoires. Comment, d'ailleurs, ici, les oublierons-nous, ces exploits? Un escalier au plafond chargé de décors mène à des salles qui les racontent en détail. Toutes les batailles, et il y en eut ! auquel prit part cette prolifique famille de condottieri, sont retracées en petites fresques, sur la frise. Tout de même le Vitelli du palais de Vasari comprenait mieux ses aises. Ce palais-ci est noir, triste, ouvert comme le palais ducal de Gubbio sur une ruelle, et ne consentant à prendre l'air, à regarder la campagne que par-dessus les prudents remparts. Mais les pauvres chambres, si sommaires, si fermées, sans joie, sans lumière ! Vitelli n'aimait à regarder que ses exploits et ceux de sa famille. La véritable demeure de ces enragés, c'étaient la tente et les camps.

L'histoire de Castello est calquée sur celle de Gubbio et de toutes les autres cités; liberté communale, podestat, factions guelfes et gibelines, pouvoir du pape rejeté, subi tour à tour, appel au secours de Florence, de Pérouse, de Gubbio, que l'on combat bientôt, guerre aux voisines, pour se donner finalement un maître qui vous mangera sous couleur de vous défendre, soit, ici, Vitelli. Lorsque Niccolo Vitelli prend possession de Castello, c'est pour se heurter bientôt à l'avidité de Sixte IV. Ce pape, dans sa lutte contre Florence, n'aime pas l'indépendance d'une ville située aussi près de son ennemie. Castello, d'ailleurs, ou du moins Vitelli, le bravent. Sixte dépêche contre eux un corps de troupe que commande son neveu Julien, le futur Jules II.

Julien vient d'être heureux à Todi où il a fait ses premières armes, et à Spolète. La tâche est délicate qui consiste à soumettre Castello sans inquiéter Florence. Aussi Julien se montre-t-il conciliant. Mais il a affaire à un terrible adversaire qui ne veut rien entendre. Vitelli a gagné au jeu des batailles sa seigneurie ; il tient son gâteau qu'il n'entend pas lâcher. Et Vitelli sait bien qu'il sera soutenu. Florence et même Milan qui, un moment, occupa Castello, ne tiennent pas à voir le royaume pontifical s'étendre ainsi. San Sepolcro envoie des soldats, et si Montefeltro soutient le pape, c'est un peu comme la corde le pendu. Montefeltro n'attend que l'occasion d'adjoindre Castello a Gubbio, ou tout au moins il ne désire pas que le pape s'installe si près de lui. Frédéric, subtil, décide Vitelli à composer. Il en fera son affaire, après. On accorde à Vitelli tous les honneurs ; il accompagne Frédéric de Montefeltro à Rome, et revient triomphant à Castello où il meurt peu de temps après son cousin de Senigallia. César Borgia a le temps, cependant, de s'emparer de Castello qui rentre définitivement dans le giron pontifical.

Tout cela, entre 1468 et 1502. La fortune est rapide, et le moins merveilleux n'est pas de voir, en si peu de temps, se multiplier ainsi les palais insolents. L'art, d'ailleurs, y trouva son compte, puisque c'est au cours de ces années, et grâce au zèle de ses maîtres, que Castello s'enrichit des œuvres qui nous y attirent encore aujourd'hui.

Tandis que nous allons les chercher au musée, regardons la ville. Face à la vallée du Tibre et donnant sur le jardin public, la cathédrale est un grand édifice de la Renaissance avec quelques restes du XIIe et du XIIIe siècles. Un petit musée, dans les salles du chapitre, lui est adjoint, et où se voit un paliotto, devant d'autel, en argent repoussé, œuvre du VIIIe siècle, des plus remarquables ; autour de lui quelques bons tableaux. L'intérieur, en lui-même, ne présente rien qui retienne longtemps, s'il constitue une œuvre excellente du XVIIIe siècle. La façade septentrionale est mitoyenne avec le palais communal, moins hardi et moins insolent que celui de Gubbio, s'il possède peut-être, dans sa modestie, plus de gravité encore. Petit monument d'un peuple laborieux et pauvre, mais conscient de ses droits et de ses mérites. L'irrégularité des pierres qui le composent, leur désordre presque, ajoutent à sa grandeur une dignité un peu farouche, dédaignant toute coquetterie. Au premier étage, une rangée de fenêtres en arc aigu accentué par des pierres plates en éventail : c'est le seul sourire de ce visage sévère. Nous sommes quelquefois choqués, dans les manifestations diverses de la vie moderne italienne, de l'orgueil souvent démesuré qui y préside. Cet orgueil n'est qu'un héritage, puisque dans les plus simples cités si avenantes qu'elles soient, comme est celle-ci, ce sentiment de la forte personnalité de ce peuple se trouve, si loin qu'on remonte, éclatant déjà. Castello fut Tifernum ; dès le xve siècle elle se haussait à cette romanité.

De la place où se dressent palais et église, se détache une rue qui mène à une autre place, en passant le long de l'ancien palais del Governo dont il ne reste plus qu'une partie de la façade septentrionale, plus ancienne que celle du palais communal, mais plus sombre et plus forte encore. La place, dite Vitelli, est devenue le centre de la ville, centre animé, au commerce actif, et que commande le grand palais Buffalini, œuvre de Vignola, bien abîmé aujourd'hui, mais dont s'accommodent un cercle littéraire installé dans les immenses salles rutilantes de décors peints, et une typographie d'art qui m'a montré quelques-uns des ouvrages sortis de ses ateliers, monuments précieux qui se font de plus en plus rares aujourd'hui, parce qu'il leur faut la quiétude d'une petite ville comme Castello pour leur consacrer l'indispensable temps... Le Corso traverse la place Vitelli et étend ses grands bras à travers les ruelles et les rues familières aux cités d'Italie, mélange de boutiques taillées dans de vieux palais, de coquettes demeures toutes neuves aux fenêtres enrubannées et fleuries entre deux taudis.

Une ruelle, cependant, nous mène au musée, vieux couvent désaffecté. Dans la salle basse, ample vaisseau humide, et clair pourtant, on a réuni les œuvres d'art dispersées autrefois dans les églises de la ville. Et je voudrais d'abord tirer hors de pair un peintre charmant, Francesco di Castello qui, sans doute, accuse une manière péruginesque, et donc appartient doublement à l'école ombrienne ; mais il me paraît y appartenir du bon côté, c'est-à-dire celui où Spagna se plaçait. Francesco di Castello est mou un peu, mais non pas fade ; et si ses femmes languissent, ses hommes restent vigoureux. Le contraste même est curieux, dans l'un des tableaux du musée, la *Madonne avec des saints*, entre le groupe central et les mâles évêques qui le flanquent. Mélange savoureux que met en valeur un coloris lumineux, d'un blanc charmant, de ce blanc dont Spagna posséda le génie.

Une pauvre bannière, dont de vains efforts

essaient de sauver la ruine, figure dans le catalogue de Raphaël ; nous ne pouvons que la porter sur l'obituaire. Castello possédait autrefois une autre œuvre de Raphaël, illustre dans le monde. Et rien n'est plus touchant que son souvenir inscrit sur les murs d'une petite église. J'ai recueilli ce lamento presque tragique en son naïf regret : « *Raphaël Sanzio, dans la première fleur de sa jeunesse, exécuta en cette cité cinq peintures, parmi lesquelles* le Mariage de la Vierge *qui, en 1798, fut ravi à l'église San Francesco. Milan possède aujourd'hui ce trésor, richesse enviée de sa très riche Brera. Città di Castello, dans son orgueil et sa tristesse, par l'initiative de l'Académie des Liberi, en fixe ici le souvenir, le 28 mars 1886, cent troisième anniversaire de la naissance du divin peintre* ». Oui, le *Sposalizio*, tandis que Raphaël travaillait encore à Pérouse, auprès de Pérugin, au temps des Vitelli, le *Sposalizio* fut exécuté pour Castello. N'est-il pas émouvant ce rappel si mélancolique et fier ? Et quel discret reproche, si digne, dans ce « invidiata ricchezza del suo ricchissimo Brera » ! Pourquoi dépouiller ainsi le voisin pauvre quand on possède tant ? Castello, dans ses montagnes, a gardé l'innocence de son jeune Tibre.

Le *Saint Sébastien* de Signorelli, du moins, n'a pas été ravi à Castello. Il en est aujourd'hui le fleuron superbe et altier, envié lui aussi par les riches musées, mais que les bords ombreux du petit Tibre, celui que chanta Virgile, *Caeruleus Tibris, cælo gratissimus amnis*, garderont désormais. A cinq reprises différentes, Signorelli travailla à Castello. Tout jeune d'abord, avant d'aller à Lorette. Puis il se rendit à Rome et revint ici, à deux pas de Cortona sa patrie, avant d'accomplir les immortelles fresques de Monte Oliveto et d'Orvieto. *Saint Sébastien* date de cette période placée entre Rome et Oliveto, exactement de 1496 ; Signorelli comptait une cinquantaine d'années, dix lustres où sa vigueur fleurissait de verte jeunesse, dans la maîtrise la plus achevée de son art. L'œuvre de Castello peut rivaliser avec les plus hautes sorties de cette main.

Sur un fond de paysage chargé de monuments romains, le Colisée, l'arc de Constantin, le Panthéon, un poteau de bois est dressé, auquel le chef des archers est attaché comme le Christ, mais sans bras de croix. A ses pieds, ses bourreaux bandent l'arc ou le tirent, ou accourent hurlant leur rage, brandissant leur arme. J'admirais à Lorette l'adresse du grand maître à peindre les corps dans le maillot, comme s'ils étaient nus. Il s'y surpasse encore, ici, avec toute la science que les années lui ont donnée. L'archer vu de dos est certainement la plus audacieuse et stupéfiante forme que Signorelli ait osée jamais. Ces reins et ces jambes sont l'un des morceaux les plus braves de toute la peinture. On voit littéralement les muscles raidis dans la soie. Et le mouvement en raccourci des épaules levées pour tirer, crie une vérité rigoureuse que seul celui-là pouvait se flatter d'atteindre. A côté, alors, voyez la grâce élégante et solide de l'archer qui tend son arc sur son genou. Il est calme, ne s'efforce pas, semble s'apprêter à tirer des oiseaux, tandis que, derrière lui et au-dessus de lui, les nus s'étalent et resplendissent dans le contraste du nu douloureux et immobile du saint, et du nu actif et joyeux de ses bourreaux. Le célèbre homme nu de la Sixtine lui-même, n'approche pas de cette magnificence de chair, avec ses ombres et ses clartés, ses tensions et ses abandons. Les poitrines palpitent, les côtes se gonflent, les pieds s'agrippent au sol et les bras se lancent dans un élan frénétique. Répandez alors sur cette vie fougueuse, répandez la belle et tendre lumière de l'Ombrie, la lumière de ces hautes vallées, délicate et transparente ; il semble que Signorelli a caressé les formes elles-mêmes par le moyen de cette lumière, avec passion. Tout son amour du corps humain, il le traduit ici en l'inondant d'une clarté tendre et vive, lumineuse sans violence.

L'Ombrie et la Toscane regorgent d'œuvres de Signorelli. Je verrai bientôt ce que me réserve Cortona sa patrie. Le *Saint Sébastien* de Castello, je l'estime égal au plus haut de ce que je connais de son peintre. Il est digne d'Orvieto et de la Sixtine. Qu'avais-je, en arrivant, à me demander si j'étais bien au bord du Tibre! Lorsqu'il vint ici appelé par Vitelli qui sut, entre deux batailles, comme ses pairs, s'enflammer en faveur de la beauté, Signorelli pensait au fleuve puissant sur les bords duquel il avait vécu. Ainsi que leurs arcs — qui sont, je ne sais pourquoi, peut-être à cause de leur ligne plus courte? des arbalètes — ainsi que leurs arcs les archers, Signorelli bandait son âme aux héroïques souvenirs, jetait sur le fond de sa toile la Rome tibérine, et là-dessus enlevait ses héros nus que les géants eux-mêmes du plafond de la Sixtine, et ceux des cartons de la *Guerre de Pise*, ne surpasseront pas. Et si Signorelli donne à ses chairs plus de vie, plus de réalité, si ses hommes sont de plus accessibles dieux, s'ils émeuvent davantage, bien qu'ils désarment moins notre raison, que ceux plus grands du plus grand des rivaux, l'insurpassable Michel-Ange, à quoi le doit-il donc? J'irai demain le rechercher à San Sepolcro.

XI

LE CHRIST VENGEUR

Borgo San Sepolcro.

Le temps de passer d'Ombrie en Toscane, quinze kilomètres à travers la vallée élargie du Tibre, et qui forme comme un lac immense, desséché et verdoyant depuis des siècles, et l'on arrive à San Sepolcro, gros bourg entouré de murailles qui datent du Grand Duc Cosme Ier. Au pied même des Apennins, sur la rive gauche du fleuve, la petite ville forme un centre agricole où Pline-le-Jeune, autrefois, possédait une villa dont il parle tendrement dans ses lettres. « Imaginez, dit-il, un grand amphithéâtre tel que peut en édifier la nature; une large et longue vallée environnée de montagnes dont les cimes sont couvertes de bois. Si l'on contemple d'en haut cette vallée, on ne peut croire que ce soit la terre, mais un paysage peint, si grand est l'enchantement des yeux de quelque côté qu'on regarde ».

Cela rappelle le mot de la concierge : « Les belles

roses ! elles sont aussi belles que des roses artificielles ! » Borgo San Sepolcro ne mérite pas cet hommage, même, ou surtout, de la part de Pline. Nul danger qu'on ne la croie pas vraie. Elle est laide et sale, sans même la compensation d'un certain caractère. Gros bourg sans attrait personnel, et où seul Piero della Francesca peut attirer le voyageur. Il est vrai qu'il l'y attire irrésistiblement, et l'y ramènera souvent, car si Piero compte parmi ceux qui subjuguent le plus les pèlerins d'Italie, la *Résurrection* de San Sepolcro occupe dans son œuvre la première place. Elle seule compte ici, en dépit de quelques détails curieux, le palais Marini où habitent encore des descendants des Franceschi dont était Piero, la cathédrale qui détient une fade *Ascension* de Pérugin, la tour isolée sur la place, une église, Santa Chiara, et deux ou trois rues pittoresques. Il faudrait bien de l'éclat, de la grandeur et de la beauté pour nous distraire de Piero qui triomphe aisément. Lui seul règne ici ; je passerai donc avec lui la journée.

Piero di Benedetto dei Franceschi, connu sous le nom de Piero della Francesca, naquit et mourut à San Sepolcro, 1416-1492. Les affirmations de Vasari sur sa naissance sont controuvées. Il est certain, aujourd'hui, que son père Benedetto ne mourut pas avant la naissance de Piero qui fut appelé : della Francesca, parce qu'il était né d'une première femme de Benedetto, nommée Francesca. Il était de famille bourgeoise très considérée, ayant exercé souvent des charges civiques, et dont les descendants habitent encore le palais delle Landi, ou palais Franceschi-Marini.

Quels furent ses premiers maîtres? On ne sait au juste, si l'on suppose, toutefois, qu'un voyage fait à Urbin lui inspira ses premiers désirs de peindre, à Urbin, à la cour de Guidantonio qui suivait le chemin tracé par son père Frédéric de Montefeltro. Mais comme rien n'est plus opposé à l'art dit ombrien que celui de Piero, nous devons, si nous acceptons ce premier contact, lui attribuer une influence de sursaut. Piero alla-t-il aussi travailler à Pérouse où il aurait connu son premier maître incontesté, Domenico Veneziano? Cela est plausible, puisque, et cela est certain, Piero, en 1439, se trouve à Florence où il est chargé, avec Veneziano, d'exécuter des fresques à Santa Maria Nuova. Piero arrive à Florence lorsque celle-ci vient d'entrer dans sa période artistique la plus active. Filippo Lippi était en train d'amuser Cosme par ses frasques, et de lui plaire par ses fresques. Ghiberti travaillait aux portes du Baptistère, Brunellesco élevait la coupole du Dôme, Donatello et Lucca della Robbia exécutaient leurs fameuses chaires, enfin Andrea del Castagno entreprenait ses farouches portraits, et commençait déjà à jalouser

Veneziano qu'on l'accusa plus tard d'avoir assassiné. Si l'on réunit autour de ces points lumineux, tout ce que la Florence de Giotto a déjà entassé à Santa Croce, à Santa Maria Novella, à San Marco, en un mot à tous les coins de la ville, on comprendra l'effet que dut produire sur le rude et naïf enfant des montagnes tibérines un tel ensemble et une telle fièvre.

Il ne reste rien, à Florence, des premiers travaux de Piero. Mais il reste assez de ceux de Veneziano pour nous permettre de dire que si, l'art de Piero, nous le devons à ce maître dont il s'assimila les qualités, les refondant au creuset de son propre génie, il prit avant tout ses leçons de Florence tout entière. A Veneziano, il doit assurément ce qu'on a appelé son naturalisme, et ce que j'appellerai plutôt sa sincérité. Il lui doit aussi son coloris dont il accentua encore la clarté, et dont il joua incomparablement dans son « invention » du clair-obscur. Mais ne peut-on tout autant attribuer au coudoiement quotidien d'hommes comme Donatello par exemple, et principalement de Castagno, l'ami inséparable de Veneziano, le réalisme de son œuvre? La science de la perspective, Piero ne la doit-il pas à Uccello qui s'en faisait l'apôtre? Et les lignes architecturales de Brunellesco, ne leur doit-il pas sa vigueur si nette, souvent dure un peu à force de franchise et de tenue? Piero me paraît l'un des plus synthétiques produits de la Florence du premier Quattrocento, l'un de ceux où devrait s'en voir le plus nettement l'âme entière dans ses vertus austères comme dans ses défauts de sécheresse.

Six années durant, jusqu'à vingt-sept ans, Piero resta à Florence, d'où il partit n'ayant plus qu'à dégager sa personnalité, à devenir le grand Piero d'Arezzo et de San Sepolcro. Où alla-t-il ? A Ferrare sans doute, où il travailla pour le duc d'Este ; mais rien ne subsiste de cette œuvre. Puis il revient passer quelque temps dans sa patrie, vers 1448, où il peint le premier tableau que nous possédions de lui, la *Madone de la Miséricorde,* aujourd'hui au Musée de San Sepolcro, où le voisinage de la dernière œuvre du maître, la *Résurrection,* la fait bien pâlir, cette première. Piero demeure encore sous l'influence florentine, et il semble que la peinture du Trecento l'a vivement impressionné.

La *Miséricorde* possède, d'une part, la forme classique de l'ordonnance à plat sur fond d'or, de l'alignement rigoureux des personnages, d'une sorte de composition rectiligne et égale qui pourrait même remonter plus loin que Giotto, à Cimabue, et où nous trouverions peut-être les premières idées géométriques de Piero. Mais, d'autre part, et tout d'un coup, elle rompt violemment avec ces entraves, imposées sans doute aussi par la compagnie de la Miséricorde qui lui avait commandé ce tableau d'autel, et la personnalité fougueuse et réaliste de Piero de s'accuser aussitôt dans les personnages agenouillés sous le manteau miséricordieux de Marie, protectrice des malheureux. Ils sont huit hommes et femmes agenouillés, levant vers la Vierge des visages éplorés où l'humanité affiche implacablement sa douleur. Les cous se tendent avec violence, l'un même complètement révulsé comme pour implorer mieux encore. Les gestes sont de prière intense, une femme les mains jointes, un homme les bras ouverts, tous deux d'une détresse infinie. Prenons garde pourtant, que, ici, Piero est beaucoup plus modéré, plus doux si l'on veut, qu'il ne le sera bientôt. L'Ombrie agit encore sur lui, et je ne vois rien ici qui rappelle encore Castagno, Castagno le Florentin auquel Piero me fait penser le plus. Il dût sûrement, dans sa jeunesse, fréquenter chez Nelli, à Gubbio, et voir l'œuvre des miniaturistes qui furent peut-être ses premiers éducateurs, ceux qui lui placèrent le crayon dans les doigts, et qui, lorsqu'il remet le pied, pour la première fois, dans sa patrie, ont repris sur lui un certain empire.

Le hasard des conquêtes ayant cependant amené Sigismond Malatesta à San Sepolcro, le seigneur de Rimini y entendit parler de Piero, et il l'invita à le suivre. Nous avons vu au Tempio la fresque immortelle, digne du modèle comme du peintre, et où l'art de Piero, libéré, en pleine possession de soi, garde cependant une certaine élévation idéale, conventionnelle un peu, dont il va se délivrer définitivement pour ne plus s'inspirer que des hommes.

Il regagne alors la Toscane, et ce sont les fresques d'Arezzo, la *Légende de la Sainte Croix,* que nous avons vues autrefois, œuvre capitale à tous les titres, d'autant plus précieuse pour nous que les fresques d'Urbin et de Rome n'existent plus. Celles-ci, évidemment, contribuèrent, avec celles d'Arezzo, à l'éducation des peintres qui suivirent la voie tracée par Piero ; nous n'avons plus qu'Arezzo pour nous en rendre compte. Des morceaux comme la *Reine de Saba,* la *Vision de Constantin,* l'*Invention de la croix, Heraclius transportant la croix à Jérusalem,* contiennent en germe tout l'art de demain. Ici et à Urbin et à Rome, chacun a puisé ce dont il eût besoin ; Signorelli y prit ses plus grandes audaces, sa passion du corps humain, son amour de la vérité.

Après Arezzo, Piero alla à Urbin où il exécuta les célèbres portraits du duc et de la duchesse, aujourd'hui aux Offices, puis à Rome où il fut chargé par Sixte IV de peindre les chambres que Jules II donnera à Raphaël. Ayant alors, à son jugement, assez travaillé, il revint à San Sepolcro vers sa soixantième année, chargé de gloire, non pas aveugle ainsi que le dit Vasari, puisqu'il va peindre la *Résurrection*, la vue fatiguée peut-être, résolu en tout cas à se reposer. Et pour occuper ses jours, il rédige ses traités scientifiques : *De prospectivæ pingendi* et *Libellus de quinque corporibus regularibus*, où il applique à l'art les propositions d'Euclide. Léguant alors à la postérité ses œuvres peintes, et leur théorie, il expira à San Sepolcro, âgé de quatre-vingt-six ans. Descendait avec lui dans la tombe, le peintre le plus sincère et le plus conscient de son art qu'ait jamais connu le monde. Tout ce qu'il a fait, il l'a voulu pour des raisons réfléchies longuement, mûries et discutées. Jamais n'a existé artiste plus systématique qu'il ne le fût, sauf Alberti peut-être mais qui dédaignait d'appliquer lui-même ses idées. Piero, ayant conçu un système, voulut le résumer dans une œuvre, la dernière qu'il produirait. Le principe posé de la composition géométrique, c'est-à-dire d'un sujet qui doit toujours s'inscrire dans une figure géométrique et y renfermer ses détails, il proclame que, une fois l'œuvre ainsi bâtie, il n'est qu'un guide pour peindre, la nature. Et, à soixante-seize ans, ayant tout médité, il accomplit la *Résurrection* dans le but de fournir de son œuvre écrite la preuve peinte.

Un triangle parfait la contient tout entière, triangle dont le sommet est formé par la tête du Christ, et la base fournie par le sarcophage de marbre dont la ligne droite occupe tout le bas de la fresque. Ainsi délimité, le sujet prend un accent de sérénité incomparable. Froideur mathématique, mais qui élève l'âme par la puissance de sa construction inébranlable. Cette vigoureuse netteté, si vite perçue par l'esprit, jouit de l'irrésistible d'un théorème avec l'évidence duquel elle s'impose. Voilà la première impression donnée. Il reste au talent à émouvoir. Et ce sera la tâche de l'artiste étroitement asservi à la nature. D'abord, en dehors du triangle, c'est-à-dire évoquant le rêve, la poésie, voici le fond en deux parties, le paysage, désolé d'une part, fertile de l'autre, s'opposant à lui-même avec une subtilité admirable. A droite collines douces, arbres légers et feuillus ; à gauche montagnes sèches et arbres énormes et dépouillés. La nature ressuscite à côté de sa mort, pour annoncer le miracle. Au pied de Jésus, cependant, les quatre soldats célèbres dans tout l'univers. Deux sont endormis, l'un la tête appuyée sur le bord du sarcophage, l'autre appuyé sur sa lance. Deux sont éveillés, l'un renversé en arrière à la vue de Dieu, l'autre la face cachée dans ses mains, ébloui. Les trois premiers sont surprenants de vérité simple et rude. Mais le quatrième ! Aussi vrai que les autres, il ajoute encore à sa réalité une grâce ineffable. Le beau corps de l'éphèbe plié en deux, est d'un amoureux de la chair et qui se trahit ici en dépit de toute volonté de n'être pas ému. Jamais nuque ni visage n'ont été peints avec autant d'amour chaleureux.

Mais la merveille, l'inégalable, c'est le Christ lui-même. Le pied gauche sur le bord du tombeau, la jambe droite encore dans le sarcophage, appuyé sur sa lance, le Christ jaillit du cœur même de la tombe, dans un effort magnifique. Sa face couturée, ravagée, ramène de la mort toutes ses souffrances. Deux longs sillons creusent ses joues, la bouche tombe lasse d'une douleur infinie, et les longs cheveux plaqués ont l'air dégoûtant d'une sueur fiévreuse. Les yeux, enfin, les yeux terrifiants aux paupières inférieures presque retournées, sanguinolentes, cernées au noir jusqu'aux méplats des joues, et d'où jaillissent les prunelles. Que vont-elles dire, ces prunelles? Ah! n'est-ce pas, le chagrin, la douleur, la mansuétude peut-être, l'exaltation divine enfin? Piero pensait en homme, et ces yeux-là, ce qu'ils disent, c'est: « A mon tour, maintenant! Vous m'avez renié, torturé, blasphémé, flagellé, moqué. Mais je reviens et je vais vous punir. Je suis le Christ vengeur! » Je ne sais qu'admirer le plus ou de l'exécution ou de l'audacieuse conception. Piero a mis dans cette œuvre tout ce qu'il pouvait mettre de réalité. Jamais personne n'a osé un tel Jésus, et cependant qui refusera à Piero de reconnaître dans son défi la vérité humaine? Christ était Dieu, mais il était homme aussi. Et au moment où le corps renaît, l'homme l'emporte sur le dieu. Un homme qui va demander au dieu qui est en lui de servir son ressentiment, d'y participer et d'accomplir la justice de ce monde. Et même s'il est uniquement Dieu, le vrai Dieu, quelle plus légitime colère? Ceux qui ont refusé de croire, les aveugles volontaires et les méchants doivent être châtiés. Ils le seront divinement, c'est-à-dire par une formidable vengeance. Ces yeux terrifiants disent cela effroyablement.

A San Sepolcro, on peut contempler l'une des œuvres les plus achevées de l'art de tous les temps, car elle contient tout: idée forte et neuve, élaborée dans la science et exécutée avec l'art le plus sûr de soi. Cette science, dont Piero se flattait, a quelquefois rendu son art un peu sec, un peu raide; la *Vision de Constantin,* de la fresque d'Arezzo, possède quelque chose de sommaire, de presque enfantin à force de simplicité voulue. Dans la *Résurrection,* cette sécheresse devient une qualité qui refuse à tout ce qui n'est pas l'œil vengeur puissance et trouble. Et combien sont habiles les quatre gardes pour vous mettre le cœur en branle avant de lui porter le coup suprême! On peut longtemps étudier cette œuvre, y revenir cent fois. A chaque visite on y trouvera objet d'étude et sujet d'admiration. Pour moi, aujourd'hui, ce que j'admire, laissant à d'autres jours passés et futurs l'hommage au dessin, à la couleur, c'est la grande conscience que fut Piero. Jamais artiste ne sut aussi nettement ce qu'il voulait, et ne l'a réalisé aussi rigoureusement. Il créa, de son art, un système philosophique, géométrique, — et les sciences exactes sont une philosophie — système qu'il coordonna clairement, mettant tout en bon ordre. Un labeur acharné réalisa son système visiblement, il s'en donna les preuves à lui-même, et il nous les apprit sous forme de chefs-d'œuvre. Piero fut le peintre le plus conscient qui ait jamais existé. Il sut, en un mot, ce qu'il voulait, et il l'accomplit.

Nous étonnerons-nous, dès lors, de voir Signorelli le choisir pour maître ? Sans doute, Signorelli aimait trop la beauté en elle-même pour que Piero le pervertît, je veux dire l'empêchât d'être soi. Mais Signorelli entendit Piero à sa façon plus libre, plus tendre presque, s'il garda toujours cette rigueur de composition dont je viens de constater la maîtrise. Sans la sincérité contingente et la construction abstraite de Piero, nous n'eussions pas connu le Signorelli de Lorette et de Castello. Piero donna à Signorelli son audace et sa rigueur en même temps. Et qui sait si Signorelli eût osé ses nus, sans Piero qui l'y enhardissait, en prouvant que tout ce qui est bien raisonné a droit à sa place en ce monde ? Michel Ange va bientôt paraître. N'oublions pas que, à travers Signorelli, c'est Piero dont le peintre de la chapelle Sixtine suit le sillon tracé à San Sopolcro.

XII

PAR LA PORTE DES MORTS

Cortona.

SAUF Lorette, et la mer y change tout, je n'avais pas encore rencontré, au cours de ce voyage-ci, la ville classique, peut-on dire, celle qui est assise sur la pointe d'un rocher le long duquel elle laisse tomber quelques masures, comme l'oiseau une aile hors de son nid. Gubbio est haute, mais sous une montagne qui l'abaisse et la domine. Cortona me rend le paysage toscan ou ombrien que tout voyageur transalpin aime tant. Ces villes perchées, dessinant un triangle qui pointe dans le ciel, deviennent bien vite indispensables à nos yeux italiques. Cortona fait reparaître devant mes regards, dès que je l'aperçois, des villes nombreuses, Bergame, Pérouse, Sienne, Montefalco, Volterra, Spolète, Corneto, Montepulciano, Chiusi, presque Cosenza et l'antique Agrigente. Elle devient tout de suite une vieille amie retrouvée, et à qui je souris pour lui dire ma satisfaction.

Dix fois, j'ai passé à son pied sans m'arrêter. Sur la route de Florence à Rome et à Pérouse, Cortona, inaccessible naturellement déjà, l'est plus encore par les impraticabilités de trains qu'elle offre au voyageur. Entre des gîtes à Rome, Pérouse, Florence d'une part, et de l'autre un coucher dans une sombre ville perdue au plus haut des monts, on se sent lâche au suprême. Je l'ai brûlée ainsi trop souvent, malgré tout l'attrait de sa vue dans l'éclair du wagon. J'ai couché hier à Arezzo, je coucherai ce soir à Pérouse ; et voici une journée que je puis enfin donner à l'imposante Cortona, si je combine bien les correspondances, et si les chefs de train ne jouent pas trop librement avec l'horaire.

La gare d'Arezzo s'est montrée attentionnée. Une demi-heure de retard à peine, et me voici, ce matin, sur la route tournante qui grimpe les quatre cents mètres du haut desquels Cortona domine le chemin de fer. De là, elle règne sur le val de Chiana, sur le Trasimène, et défie, en face, de l'autre côté de Chiana, Montepulciano d'où je la voyais si brillante, il y a un an, au matin jaillissant. Se déroule à ses pieds l'incomparable Ombrie aux lignes si pures et si larges, les fonds fleuris et chatoyants des plus tendres verdures. Les toits des villages, tout roses sous le soleil, rassemblent et fixent nos bonheurs savourés un par un, depuis les monts de Sienne jusqu'à ceux d'Arezzo, depuis les eaux d'améthyste du Trasimène jusqu'aux rousseurs de la colline pérugine. Ne sont-ce point, là-bas, de l'autre côté du lac, les hauteurs d'Orvieto? Et je devine, dans la fuite de la vallée, le Tibre dont je reprendrai bientôt le cours, puis les fraîcheurs du Clitumne, les âpretés de Montefalco, et le mur de Spolète et de Terni fermant la sauvage Sabine.

La belle Ombrie que je revois toujours avec le même émoi, sans me lasser jamais! Cortona est bien farouche pour elle, presque étrangère. Elle le serait tout à fait, sans le plus illustre de ses enfants, Signorelli qui la vivifie de sa mémoire chaleureuse. Le petit Lucca réjouit ses yeux innocents du paysage joyeux et vibrant. Son amour des belles formes, il le dut aux collines qu'il contemplait; la passion des lignes vivantes vêtues des plus caressantes teintes, il la prit au paysage ombrien, si harmonieux dans ses ondulations, si doux dans la grandeur de ses attitudes, si aimable dans la magnificence. La route que je suis et où je m'essouffle, peut être dure à monter. Je heurte allègrement les roches à fleur de terre du raccourcis qui emprunte le lit des torrents, sortes de larges dalles polies par les eaux, et que mes pieds polissent aussi en s'y agrippant. A chaque instant, je m'arrête et me retourne, non pour souffler, fi! mais pour découvrir peu à peu plus de campagnes encore, plus d'Ombrie toujours.

A mi-chemin je fais halte, cependant, à la Madonna del Calcinaio, œuvre d'un Siennois, Cecco di Martino, qui travaillait au service du duc d'Urbin, œuvre du style nouveau, non pas inventé mais rénové par Brunellesco des formes antiques, ce style que les San Gallo porteront à sa perfection, celui des Carceri de Prato, de San Biagio de Montepulciano, en un mot celui de la chapelle des Pazzi à Florence, celui de l'ancêtre à tous. Une halte encore à Spirito Santo, et la porte de Cortona s'ouvre devant moi, regardant un jardin public d'où je contemple une dernière fois la générosité de Chiana, les monts avares et le miroir frissonnant de bonheur de l'oublieux Trasimène.

Sous les murs mêmes de la ville, entre eux et ce jardin public, de longs bâtiments s'étendent, et qui occupaient autrefois un espace plus grand encore, à peu près le jardin tout entier. Ce bâtiment, c'est tout ce qui reste, avec l'église, de San Domenico, c'est-à-dire de Fra Angelico à Cortona. Nous avons appris à Florence qu'il habita longtemps ici, durant son noviciat d'abord, puis une seconde fois. On s'est demandé si Angelico, dont on ne trouve presque rien à Cortona, n'avait pas couvert de peintures les cellules de ses frères, comme il fit à San Marco, cellules tombées sous la pioche lors de la création du jardin. Cette supposition paraît bien gratuite; rien dans les documents conservés ne permet de l'affirmer. Le silence même des inventaires postérieurs au XVe siècle et antérieurs au XIXe permet d'affirmer, au contraire, leur non-existence. Au surplus, nous connaissons la vie d'Angelico, sa modestie et son tardif génie. A Cortona, il vient en saint enfant, et il fit peut-être mieux qu'y peindre. Il s'imprégna de la divine Ombrie. Le spectacle que j'admirais en montant, il l'avait sous les yeux. Il voyait voguer les îles du Trasimène, il voyait se perdre dans le ciel les cimes de l'Amiata. Et, comme Signorelli, il apprenait.

Dans l'église, pourtant, Angelico a peint un savoureux triptyque, tout or et tout bleu, tout rose et tout blond, frisé et pomponné, mais respirant un tel ravissement de cœur que toute critique reste d'avance désarmée. La *Madonne* de San Domenico offre néanmoins une certaine originalité. Cette œuvre de jeunesse d'Angelico n'est pas que suavité. Et si la Vierge centrale ne dit rien à quoi le Beato de San Marco ne puisse répondre, les quatre saints qui la flanquent restent imprégnés d'une certaine rudesse qui nous fait penser à la venue jusqu'ici de maîtres siennois. Oh! Angelico comprend les Siennois comme il peut! Il les voit néamoins et, avant de s'en écarter, il en est ému.

A San Domenico, cependant, l'intérêt n'est pas

là, mais dans l'*Assomption* de Bartolommeo della Gatta. On dispute encore sur l'existence de ce peintre. Milanesi la conteste absolument, et il attribue ses œuvres à des élèves de Signorelli. L'influence, si ce n'est la main, de celui-ci est manifeste, en effet. Et aussi celle de Piero ; enfin celle de Melozzo. Or nous savons que Signorelli fut élève de Piero, et exécuta ses fresques de Lorette deux ans après que Melozzo eut terminé les siennes. Si donc nous ne croyons pas à l'existence d'un Antonio Dei, dit Bartolommeo della Gatta, sur la seule foi de Vasari, rien n'empêche de voir dans l'œuvre de San Domenico un tableau, si ce n'est de la main de Signorelli, du moins de son atelier. Et, pour moi, je ne sais, mais je ne croirais pas diminuer celui que j'aime tant, en lui attribuant certains des anges musiciens qui ne possèdent pas, certes, et c'est le mot, toute la virtuosité, musicale autant que corporelle, des anges d'Orvieto, mais qui en ont déjà la liberté, l'élan si humain ; en lui attribuant surtout deux ou trois des apôtres réunis autour du sarcophage d'où la Vierge vient de prendre son vol. Les deux vieillards à la bouche ouverte, il les signerait ; et il a, à mon sens, certainement signé de sa souple vigueur audacieuse, l'apôtre planté au milieu du tableau, qui regarde la Vierge dans sa gloire, la main droite en éventail sur les yeux, cet apôtre, l'un des plus admirables dos de la peinture, aux draperies que Mantegna avouerait, et campé sur deux jambes que Botticelli pourrait revendiquer pour ses nymphes. L'œuvre est magnifique, digne de tous les maîtres, jusque même, dans sa partie supérieure, le concert des anges, jusque même du Raphaël de la *Dispute du Saint Sacrement.*

Une enceinte rappelant celle de Volterra, et pour cause étrusque, enserre étroitement la noire Cortona. Murailles cyclopéennes, et non polygonales, et c'est une grosse affaire, étant entendu que les secondes sont bien plus récentes que les premières. D'où il résulterait, tant les conséquences de l'archéologie sont infinies, que Cortona, siège important du peuple étrusque, grande lucumonie enfin, fut conquise par ces envahisseurs sur une autre nation, probablement les Ombriens que nous avons connus dans la vallée du haut Tibre. Ces origines anté-étrusques de Gortona sont restées complètement inconnues. Les murs à peu près seuls en témoignent, s'il est démontré que les Étrusques ne construisaient pas « cyclopéennement ». Et il ne suffit pas, pour le prouver, d'affirmer que tout ce qui est cyclopéen n'est pas étrusque. Mais, de tout cela, il y a si longtemps ! Et tout cela se confond dans notre admiration envers les gaillards fortement musclés qui maniaient de tels blocs comme nous les pavés. Virgile n'est-il pas là pour nous dire, d'ailleurs, ce qu'il retournait d'eux ?

Dardanus, fondateur de Troie, venait de Cortona où il était né de famille puissante déjà. Si les murailles de Troie ressemblaient à celles-ci, on comprend que les Grecs aient mis tant de temps à les renverser. Celles de Cortona tiennent toujours, et elles ont subi bien des assauts. Annibal s'y heurte en poursuivant Flaminius qu'il va atteindre au Trasimène. Puis les Barbares divers qui se jetaient à périodes régulières sur l'Italie. Charlemagne y passa. Et Cortona de participer au cycle classique des révolutions italiennes : dominée par des féodaux de la campagne, délivrée par le traité de Constance, installation du pouvoir communal, consuls, podestats, seigneurs enfin. Cortona était gibeline, bien entendu, à cause de Florence trop voisine, et sous la domination de qui elle tomba, dès le commencement du XVe siècle.

Elle ne compte aucun fait mémorable dans son histoire. Son existence fut assez calme, et ses monuments se ressentent fatalement de cette vie tranquille. L'excellent historien de Cortona, M. Girolamo Mancini, résume très judicieusement l'art architectural à Cortona: « Chez nous, l'architecture ne possède aucun caractère local, comme elle fait à Pise, à Sienne, à Florence ; elle ne subit même pas l'influence de quelque artiste de ces villes. Pendant tout le moyen âge elle reste fidèle aux formes romanes, avec de rares concessions au style ogival. Nos vieux monuments élèvent quelquefois des arcs semi-circulaires ou surbaissés, dits *a punto trovato*. Même dans les églises, les arcs aigus forment exception. Les plus anciens palais et les plus vieilles maisons se ressemblent, ce qui indique une construction d'ensemble, d'où on a conclu judicieusement que les habitants, chassés en 1261, revinrent dans leur patrie et reconstruisirent leurs demeures brûlées et ruinées par les envahisseurs. Alors commence à l'emporter l'arc aigu qui répugnait aux ancêtres. A l'aversion pour les formes ogivales pouvait d'ailleurs contribuer la nécessité d'user de matériaux peu coûteux, faciles à se procurer et d'une durée plus longue. Notre pierre, en effet, que la pluie effrite facilement, est mauvaise pour les colonnettes et les menus ornements habituels aux formes ogivales. Ailleurs on emploie la brique, mais, à Cortona, son prix fut toujours élevé, puisque la terre propre à la cuisson ne peut se récolter qu'à une grande distance de la ville, et que son transport était difficultueux... Et Cortona manquant d'architectes, on y appelle, en 1298, Giovanni Pisano qui élève Santa Margherita, au xve siècle un Florentin et un Siennois qui élèvent le Dôme et Calcinaio ».

Cortona cependant vit naître un grand architecte, mais qui travailla à Paris où il bâtit l'Hôtel de Ville, Boccador. Ne cherchons donc pas à Cortona d'œuvre remarquable, si ce n'est son propre ensemble aux rues précipitées, les maisons hautes et noires, les places tout en pente, les fontaines instablement juchées, les ruelles infâmes qu'il faut escalader, un dédale véritable de petites rues calamiteuses et sordides, s'enchevêtrant autour d'une grande artère et de deux ou trois espaces libres. L'aspect en somme des très vieilles cités qui ont peu changé, se conservent sous leur crasse, l'aspect si fréquent en nos voyages d'Italie, dont nous ne nous lassons point d'admirer le pittoresque, et qui, cependant, si je l'ai vu tant de fois, n'avait pas encore reparu si vigoureusement à mes yeux depuis mes visites aux vieilles villes sabines de Palestrina et de Cori. A Cortona, on est vraiment transporté aux temps antérieurs à l'histoire. L'absence d'art personnel ou inspiré lui conserve son apparence primitive bien plus qu'à toute autre ville étrusque, comme Volterra par exemple où la place publique est l'une des merveilles de la Toscane, et peut-être même de l'Italie tout entière. Cortona n'est pas sévère, puisque ce mot comporte encore quelque sens artistique. Cortona est sordide — et sa campagne illumine ses loques, les change sous le soleil en les plus rutilants damas. Oui, belle elle est, comme toute chose qui garde un caractère personnel violent. Ne pouvant se parer, la pauvre fille se drape dans ses jupons déchirés, et la ligne de son corps donne à ceux-ci des plis de statue,

La belle villageoise enveloppée dans un châle roux, et répandant autour d'elle les bienfaits de ses laborieuses mains !

J'ai grimpé et descendu ces rues étroites et torrentueuses, tordu mon cou pour regarder quelques façades de palais sans grandeur s'ils sont très grands, et, le plus frappant de ce que j'ai vu, c'est ce qu'on appelle la porte des morts. Oui, une porte spéciale pour les morts, au seuil plus élevé que celui de la porte des vivants. On ne sortait par cette porte-là que dans son cercueil, et personne n'entrait jamais par elle, pas même les croque-morts qui cueillaient la bière exposée sous la voûte réservée. Mais par ces portes-là nous devrions aujourd'hui entrer, nous étrangers en quête de merveilles, dans Cortona.

Sur la place Signorelli, cependant, s'élève le palais Pretorio tout chamarré des armoiries des podestats, et qui abrite le musée étrusque. Pour celui qui connaît Volterra, Chiusi, Corneto, Pérouse, Florence, ce musée ne possède rien qui enseigne particulièrement. Il détient cependant deux pièces uniques : le lustre étrusque et Polymnie. Le lustre consiste en une masse de bronze toute pâtinée d'acide oxydrique sous lequel se voit un travail d'une vigueur magnifique. L'art en est le même que celui des couvercles de sarcophages, puissamment réaliste. Au centre une gorgone tirant la langue entre quatre dents proéminentes, les cheveux emmêlés de serpents. Autour de cette tête une guirlande de bêtes féroces dévorant d'autres animaux sans défense. Et le grand cercle extérieur est formé par les lampes, seize monstres, huit mâles et huit femelles accroupis les jambes écartées, les mâles jouant du pipeau ou de la siringue, les femelles tenant leurs seins dans leurs mains. Symboles religieux sans doute, lampe funéraire que je voudrais suspendre sous la porte des morts !

Polymnie est une peinture. Longtemps elle passa pour antique. Depuis quelques années, elle date de notre ère, des cent premières années, il est vrai. Sa valeur, en tout cas, reste considérable, puisqu'elle constitue la seule peinture, autre que décorative, que nous possédions de ces temps lointains. La belle créature, appelée Polymnie parce qu'elle tient une lyre, est nue ; à peine si un voile transparent flotte sur son sein gauche. Des feuillages courent dans sa chevelure. Elle regarde à ses pieds, et sa bouche est effleurée d'un léger sourire plus fin encore que celui de la Joconde, s'il est moins mystérieux. L'œuvre est d'une pureté extrême, un peu sèche de manière, troublante par ce qu'elle laisse supposer de l'état général de l'art en ces temps d'où toute manifestation de ce genre a disparu.

Par une ruelle, j'ai gagné la cathédrale sise sur

une place biscornue, elle-même bizarrement plantée, un portique de la Renaissance en formant tout le côté, et qui se relie à angle droit avec l'évêché, tandis que la façade de pierre n'offre qu'un maigre porche à colonnes, à côté duquel se voient encore les traces de l'ancienne porte dont la courbe passe au milieu de la nouvelle, ce qui prouve l'exhaussement — encore ! — du sol.

A l'intérieur, notre premier regard va droit au sarcophage mémorable non pas pour les cendres douteuses qu'il contient, dit-on, les cendres de Flaminius, mais pour le souvenir florentin qu'il rappelle. Le bon Vasari nous a transmis l'anecdote charmante. Un jour, Donatello passe par Cortona, revenant de Rome. Il voit ce sarcophage qui le bouleverse. Il arrive à Florence et court chez son ami Brunellesco à qui il fait part de sa découverte. Brunellesco lâche aussitôt ses compas, et, sans même prendre le temps de chausser des souliers, en galoches part pour Cortona, regarde la merveille, la dessine sur ses carnets et rentre à Florence du même trait. Sans doute, aujourd'hui que nous en avons tant vus de ces sarcophages, ne ferions-nous pas comme Brunellesco ; et puis l'ardeur naïve n'est plus de notre âge trop vieux. Tout de même l'œuvre, romaine, est belle. Elle représente un combat d'Amazones et de Centaures contre des Lapithes, dans le thème et la forme classiques.

Alors, ayant jeté un regard au vaisseau lui-même de l'église que le XVIIIe siècle « restaura », c'est-à-dire accommoda à son goût sans rien laisser de visible qui permette de constater la basilique primitive, alors nous pouvons nous abandonner tout entiers à Signorelli qui est, aussi bien, toute la vie de Cortona ; celui-là n'a jamais passé et ne passera jamais par la porte des morts.

Il a été l'élève de Piero, mais il ne s'en tient pas à ce maître. Florence l'attire bien vite, et il y va étudier sous Pallajuolo et Verrocchio. L'influence de ce dernier me paraît beaucoup plus considérable qu'on ne le dit. L'allégresse du pinceau de Signorelli, sa joie manifeste de peindre, cette fougue de la main qui brosse, il me semble bien les tenir du grand sculpteur qui peignit le *Tobie* de Florence. Burckhardt, parlant de celui-ci, en vante « l'air de fête » et l'étude très poussée des draperies. Voilà deux particularités qui nous signalent Signorelli. Bref, après ces travaux préliminaires Signorelli prend son essor. Il va à Lorette, revient en Ombrie où il exécute les tableaux de Citta di Castello, à Monte Oliveto, à Orvieto enfin, et rentre à Cortona chargé de renommée, la plus saine et la plus légitime qui soit. Il se marie à Cortona, où on le trouve, en 1502, travaillant pour le Dôme. Puis, il repart, retourne à Rome où il est l'hôte de Bramante, rentre à Cortona, repart pour Rome, en

1513, où il se met en relations avec Michel Ange à qui il emprunte deux cents francs. Signorelli était négligent, si Michel Ange était avaricieux. De retour à Cortona, Signorelli est convoqué chez le magistrat qui a charge de lui rappeler sa dette. Signorelli n'avait donc pas deux cents francs? Il les avait, mais pour tant de faste!

Il aimait le luxe, et il répandait les bienfaits autour de lui. Nous sommes loin du Brunellesco en sabots. Signorelli ne peut être vêtu que de soie, et son affabilité, sa courtoisie de grand seigneur se répandent en générosités sur ses élèves, sur le peuple de sa ville natale qui le vénère comme un dieu. Un amateur arétin lui ayant commandé un tableau pour une confrérie, l'œuvre fut portée par les bénéficiaires eux-mêmes, comme une relique, à dos d'homme, de Cortona à Arezzo. Signorelli suivit le cortège, et arrivé à Arezzo il descendit chez son beau-frère, le père de Vasari alors enfant. Et comme on lui soumettait quelques dessins du jeune homme: « Puisque Giorgio, dit-il, ne dégénère pas, apprends-lui à dessiner. Le dessin ne nuit jamais à un galant homme ». La belle parole d'homme complet, grand artiste et honnête homme! Et il regagna Cortona, où il mourut le pinceau aux doigts, en 1523, à l'âge de quatre-vingt-deux ans, environné d'amour et de respect.

Cortona ne possède de lui aucune grande œuvre

qui puisse rivaliser avec celles de Monte Oliveto et d'Orvieto. Mais les petites compositions qu'elle détient comptent parmi les plus belles de celles qu'il exécuta. Le *Rimpianto* et l'*Eucharistie* du Dôme, aucun morceau sorti de sa main ne les dépasse. L'*Eucharistie* possède d'abord ce mérite particulier de reprendre l'audacieuse invention de « la Cène debout » dont Justus van Gent nous avait bouleversés à Urbin. Signorelli a compris quelle fertile rénovation du sujet le grand Flamand apportait. Il s'en sert aussitôt, sans qu'on puisse douter de sa propre invention, avec une adresse extrême, renouvelant à son tour une formule à peine née. Justus Van Gent, réaliste flamand, donne à son œuvre une brutalité où l'on sent qu'il veut bousculer non seulement la table sainte, mais aussi les coutumes. Signorelli retrouve toute la sérénité grave et douce qui convient. Sur deux rangs, les uns agenouillés, les autres debout, les apôtres s'alignent devant le Christ qui, du centre du tableau, s'avance vers nous distribuant le pain céleste à ses fidèles, tandis que, au premier plan, Judas, l'œil torve et la bouche jalouse, ouvre déjà sa poche aux trente deniers.

Cette œuvre-ci est peut-être la plus calme, la plus reposée, la plus exempte de détails caressés que l'on puisse trouver dans l'œuvre de Signorelli. Elle forme un contraste parfait avec le *Rimpianto*, d'une humanité vibrante, et où le vieux maître a trouvé le moyen de mettre tout son amour de la chair, du corps humain. On raconte que, à la mort de l'un de ses fils, il fit déshabiller le cher cadavre afin de le peindre avant qu'il fut inhumé. Or ce *Rimpianto* est de 1502, et son fils Antonio, non pas celui qui fut assassiné en 1506, mais l'aîné, mourut cette même année. Le Jésus du *Rimpianto* serait-il Antonio ? Libre à chacun, dès lors, de voir dans le geste du père cette déformation qu'apporte l'art au cœur des grands artistes et qui est comme la rançon du génie.

En 1871, Victor Hugo suivait, dans les rues de Paris, le corbillard qui portait au cimetière son fils Charles, mort à Bordeaux au cours de la session de l'Assemblée Nationale dont Victor Hugo venait, par une démission retentissante, de se retirer. Et comme le peuple de Paris, ainsi qu'il a coutume lorsque passe un convoi mortuaire, levait, qui son chapeau, qui sa casquette, Hugo se pencha vers son voisin et murmura : « Vous remarquez comme on me salue ? J'ai bien fait de donner ma démission ».

Le croquis pris par Signorelli est-il plus sinistre que ce mot-là ? On peut du moins, en sa faveur, invoquer le désir du père de conserver l'image de son fils qu'il va fixer sur le *Rimpianto* en forme divine. Ne croyons pas trop à ce souci, pourtant ;

mais plus simplement à la perversion professionnelle où, si nous en frémissons d'horreur, nous sommes obligés de constater la lamentable faiblesse humaine.

Signorelli, et cela lui sera toujours compté au plus haut prix, avait le culte du corps humain. Ses nus d'Orvieto restent encore l'une des plus prodigieuses manifestations de l'art. Et les nus, dans ce *Rimpianto*, il les exalte par le Christ étendu, il les caresse surtout par la femme qui soutient un bras du cadavre et en baise la main. Ces épaules, cette nuque, ces seins découverts, même les courtisanes de Subiaco peintes à Monte Oliveto ne jouissent pas d'autant de volupté. Poème de la chair, poème grave cependant, d'une émotion réelle qui atteint une intensité inconnue jusque-là, et avec laquelle seul Michel Ange pourra rivaliser dans certaines figures de la Sixtine, celle de la Delphique surtout, la plus radieuse forme qui ait jamais été réalisée.

A San Niccolo enfin, par des rues toujours grimpantes, escaliers ou ruisseaux, je me suis fait conduire. Petite église toute modeste, au fond d'un jardin que ferme une grille de bois, petite église où seule l'œuvre de Signorelli appelle les visiteurs. Le tableau est à deux faces. Il pivote sur des gonds et, lorsqu'on le remue, il agite au loin tout un carillon, à la grande satisfaction du custode fier de son invention protectrice contre les voleurs. D'un côté la Vierge entourée de quelques saints, dont un Sébastien au nu vibrant ; œuvre sans flamme pourtant, où l'on sent la besogne. Signorelli ne peut s'émouvoir que devant la vie ; les scènes célestes ne l'inspirent pas. Il aime trop les hommes et leurs attitudes pour se plaire aux gestes figés des saints. Mais que ceux-ci agissent, aussitôt il se retrouve. Et la seconde face du diptyque de San Niccolo de briller aussitôt.

Le Christ déposé de la croix est assis sur son tombeau fermé encore. Autour de lui Jérôme, François, Nicolas, Dominique, mais surtout, ah ! surtout quatre anges, les plus radieux éphèbes que le peintre de Monte Oliveto et d'Orvieto ait jamais rendus. Deux sont vêtus de longues robes, l'une ouverte sur la tunique blanche d'une jeune fille gracieuse et délicate, aux rondeurs chastes et tendres. A côté, un autre ange couvert d'une armure magnifique, l'un de ces beaux adolescents des palais et des camps, solides, fins et gras, aux jambes déliées, aux épaules larges et d'une nerveuse chute. Le quatrième enfin, en robe, longs cheveux ondulés tombant en avant, les manches relevées jusqu'à l'épaule pour la besogne, tient le Christ dans ses bras. La mâle vigueur, l'aisance sous le poids, de celui-là, synthétisent le génie même de Signorelli. Ce radieux enfant en résume à lui seul tout le charme dans la puissance, l'éclat dans la solidité, l'audace dans la science ; il proclame cet amour du corps humain jusque par cette vision discrète du cou et de la naissance de la poitrine aperçus dans l'échancrure de la robe. Et le beau front entre les boucles, si poli, d'une ligne si pure au-dessus des yeux baissés dans l'attendrissement !

Il est deux grands peintres que je voudrais associer à mes plus beaux souvenirs de ce voyage-ci, deux frères, Melozzo et Signorelli. Les anges de San Niccolo confirment ce que j'entrevoyais tantôt de leur parenté. En souvenir de Cortona et de Forli, je retournerai un jour sur le rocher de Lorette où ils brillent réunis. Pour eux la porte des morts est tout naturellement murée, puisque leur reste toujours ouverte celle de l'immortalité.

XIII

EBRA DE' CIELI

Todi.

Venu à Pérouse en vue d'un seul coucher, j'y ai passé deux jours pleins, et j'ai dû, hier soir, télégraphier à Terni mon arrivée pour aujourd'hui, afin de m'obliger à partir. Nulle ville en Italie n'est capable de me retenir comme Pérouse. Par quoi ? Par tout. Sa maîtrise de l'Ombrie, d'abord, qu'elle commande, domine et rassemble à ses pieds ; Pérouse est un centre incomparable d'où les excursions à Assise, Spello, Foligno, Montefalco, Spolète, Arezzo et dans la vallée du haut Tibre sont faciles. Elle-même, ensuite, offre au repos ses terrasses incomparables, ses monuments, ses musées, qui en rendent le séjour parfait pour le délassement studieux. Et enfin elle est si belle sur sa montagne, large ouverte à tous les vents vivifiants, ses rues amples, ses fonds précipités, ses vieilles ruelles hargneuses, et ce je ne sais quoi de plaisant dont j'essayais, l'autre jour, à Faenza, d'analyser l'essence, et qui fait qu'une ville attire et garde. Voilà bien cinq ou six fois que je viens à Pérouse. A chaque voyage, je sens la même difficulté à la quitter. Et tous les prétextes me sont bons pour y revenir. Celui de cette année constitue même une sérieuse raison. J'ai résolu d'explorer la partie du Tibre que je ne connais pas encore. J'ai vu le Tibre maintes fois au-dessus de Rome et au-dessous. Je viens de le voir à sa naissance. Il ne me manque plus que sa vallée moyenne en aval de Pérouse.

Pour couvrir les cent kilomètres qui séparent Pérouse de Terni par la vallée du Tibre, il n'est qu'un moyen à cette heure, l'automobile. Que ceux qui ont confiance en moi, cependant, ne désespèrent pas. Et d'abord, un chemin de fer se construit, qui sera livré au trafic en 1915. Que si, pourtant, mes descriptions sont assez enchanteresses pour vous décider à partir demain, ne vous effrayez pas de cette automobile. Car si, pas plus que moi, vous n'en avez aucune à votre disposition personnelle, une administration judicieuse a organisé un service d'automobiles publiques qui vous donnera toute satisfaction. Les horaires y sont scrupuleusement respectés, ce qui a bien son prix, puisque cette exactitude permet de quitter Pérouse le matin, de déjeuner à Todi, et d'arriver à temps à Terni pour prendre le train qui vous jette à Rome dans la soirée. Excursion rapide, en somme, presque impossible autrefois, ce qui laissait cette contrée à peu près inconnue ; elle compte parmi celles, cependant, qui méritent au plus haut point d'être vues.

Je m'excuse d'insister sur ces contingences auxquelles je ne m'arrêtais pas lors de mes premiers voyages. Mais ceux-ci ne quittaient guère les sentiers battus ; je suivais les grandes voies connues de tous, ou faciles à découvrir. Cette année, surtout, où je pénètre dans une Italie plus intime, j'ai scrupule d'inviter à s'y rendre, en dédaignant de dire comment on le peut faire. Et il me semble d'une saine modestie de ne pas me donner des airs finauds ou héroïques. Ce que j'accomplis est très simple ; chacun peut me suivre avec le minimum de soins et de fatigue. Et si cent kilomètres paraissent une trop longue randonnée, ne croyez pas à une Todi inhospitalière. Je viens d'avoir la surprise d'une ville dont l'existence remonte plus haut que les Étrusques, perdue au cœur de l'Ombrie, loin de tout centre civilisé, et qui a su non pas moderniser son aspect, mais disposer l'intérieur des vieux palais où le voyageur trouve un gîte, les disposer de façon à répondre aux exigences, si ce n'est de luxe, du moins de propreté que nous emportons toujours avec nous. Et vous voyez bien que je n'ai aucun mérite.

A sept heures, ce matin, je suis donc parti de Pérouse ; à neuf heures et demie j'entrais dans Todi que je quitterai à trois heures. Cinquante kilomètres le long du fleuve capricieux et joli dont la tragique fin ne parvient pas à assombrir le cours. Et il y a la montée, à elle seule, la montée à Todi, qui est admirable. Lorsque le chemin de fer roulera, il faudra bien qu'il renonce à grimper jusqu'ici. De la plaine, on gravira toujours la montagne par des lacets variés, et Todi restera pure sur son pic, impeccable dans ses vêtements de remparts, où la Consolazione est piquée comme une fleur à la boutonnière. Le grand lyrique italien, Gabriele d'Annunzio, dans ses *Villes du silence*, a chanté Todi en quatre vers qui la peignent exactement :

Todi, volo dal Tevere sul colle
l'Aquila ai tuoi natali, e il rosso Marte
ti visito, se il marzio ferro or parte
con la forza de' buoi le acclivi zolle.

« Todi, des bords du Tibre vers ta montagne l'aigle vole, regagnant ton nid, et le rouge Mars te visita, si le fer martial, tiré par les bœufs, laboure aujourd'hui tes champs escarpés ». Elle est toute là, l'altière Todi dominant la vallée, présidant aux récoltes abondantes du plus haut des monts d'alentour.

Rien ne saurait dire assez vivement la grâce de ce paysage tibérin depuis Pérouse jusqu'ici. Dès la montagne de Pérouse descendue, l'enchantement des verdures commence. Les méandres du fleuve sont innombrables, et ils font naître autour d'eux les prés et les bois, prés et bois confondus, les premiers nourrissant toutes les essences, les seconds faisant place sous leurs branches aux herbes et aux céréales. Ce n'est, en ce printemps, que verdure de toutes parts. Grasses campagnes où tout grandit, pousse, fleurit, rit, ou mieux sourit. La route ne peut suivre le fleuve exactement, elle triplerait sa longueur. De temps en temps seulement, elle le touche ou le passe, et les peupliers des rives ombragent ses fossés. Le Tibre coule entre un alignement, martial comme le charme de Todi, de feuillages légers et droits, belles lances qui le gardent. Parfois il se heurte au rocher à pic où bientôt la route est taillée, et là il chante sans mugir contre le roc qui descend vers lui, lui porte alors l'ombrage de ses châtaigners. De temps en temps aussi, des villages où l'on s'arrête pour rafraîchir le moteur, petits villages comme Deruta, Ripabianca, d'où les cultivateurs descendent, dans la vallée toute proche, vers leurs oliviers ou leurs avoines. De nombreux ruisseaux roulent bavards vers la majesté avenante qui les reçoit sans y paraître. Sous les arbustes des berges la fraîcheur chante sa joie d'un soleil clément. Et, tout flânant, le Tibre s'éloigne, revient, comme si, en réalité vigilant sous son insouciante apparence, il voulait ne rien négliger de ses devoirs fécondateurs. Il regarde attentivement autour de lui, et dès qu'il aperçoit un coin de terre, vite il y court pour l'arroser, puis revient au rocher, repart pour un autre champ, revient encore pour nous saluer au bord du chemin de son harmonie, enchanter nos yeux de ses franges diaprées.

Fleuve charmant, et non pas cependant pareil à nos fleuves toujours calmes au milieu de larges plaines que des collines modérées bornent au loin. Le Tibre ici conserve, dans sa plénitude champêtre, un aspect de torrent qui veut bien s'apaiser un instant, en faveur des gazons. Rivière et torrent à la fois, il participe des deux beautés que ces mots peuvent évoquer, et il les réunit le long de son cours. Sa personnalité est là, dans ce sourire interrompu par la colère. Il chante tout en grognant, féconde tout en dénudant, engraisse la prairie tout en dépouillant le rocher qu'il vient frapper. A certains moments nous le surplombons d'assez haut pour n'entendre plus que sa grosse voix qui, lorsque nous sommes redescendus, perle un petit ton sifflotant. Et c'est ainsi jusqu'au dernier coude où nous le quittons enfin pour monter à Todi aperçue là-haut, rutilante sous le soleil, d'une fière bravoure, et que l'église de la Consolazione fleurit au revers.

Il faut longtemps tourner autour de la ville avant

d'y entrer. On accomplit l'exercice décevant sans impatience comme sans crainte, au milieu des « acclivi zolle » qu'Annunzio chanta. Les remparts apparaissent en couronne sur un socle garni d'oliviers et de chênes-verts, remparts intacts, considérables, et l'on se demande, vraiment : à quoi bon ? Mais la Consolazione absorbe bientôt toute l'attention, située sur une esplanade au pied même des murs, dominant de quatre cents mètres la vallée toute entière. Ah ! le bel accueil, la gracieuse merveille qui serait admirable ailleurs encore, mais qui s'exalte ici de toute sa posture ! Au centre de l'Ombrie, au sortir des plaines du Tibre qui va couler maintenant, jusqu'au vieux Latium, au fond de gorges profondes, la Consolazione dépose l'hommage de la grande résurrection latine. L'art de Bramante est venu signer au registre de la vieille Todi son rappel antique, sa mémoire fidèle. Des églises de ce genre, nous en avons vues partout, à Montepulciano, entre autres, où San Biagio s'élève à peu près pareillement, et dans son architecture et dans sa situation. Mais combien l'église de Todi jouit de plus de maîtrise, de toutes manières ! Le paysage couché à ses pieds est plus profond et plus large ; et sa facture se ressent habilement de ces dispositions. Voici vraiment achevée, parfaite, l'église à croix grecque que rêvaient Bramante et Michel Ange.

Un rectangle central supporte une coupole à haut tambour, et de chacun des côtés de ce rectangle se détache une abside coiffée elle-même d'une demi-coupole que scinde le mur du rectangle où elle s'appuie. Cela, c'est la structure ; mais ces mots ne précisent pas la grâce parfaite de ces rondeurs de fenêtres profondes surmontées de frontons en ellipses ou en triangles et, au tambour, alternées de niches. L'harmonie et la proportion qui sont, avec la simplicité des décors, les premières qualités, et même les seules, d'un monument, ont été ici respectées avec un goût indicible. Une tache, cependant, et c'est la coupole centrale un peu trop mince pour le tambour et pour la masse du rectangle. On la voudrait de la taille exacte des quatre demi-coupoles réunies à ses pieds, pour les balancer ; elle serait alors la réunion des moitiés disparues dans la muraille.

Le défaut est léger, il convient de l'attribuer au long temps que l'on mit à construire. Commencée en 1508, la Consolazione ne fut achevée qu'un siècle après. Le XVIIe siècle était là qui corrompait déjà les meilleurs. L'intérieur, en revanche, est impeccable. Entre les quatre piliers centraux, les quatre absides s'arrondissent, l'une pour l'autel majeur, semi-circulaire, les trois autres polygonales ; tout autour des entablements courent de fines guirlandes de fleurs et de fruits, et les chapiteaux se recourbent soit en feuilles d'acanthe, soit en têtes de béliers. La Consolazione signe le plus délicat chef-d'œuvre, l'un des plus parfaits modèles de la Renaissance, le plus accompli dans son unité, dans son audace même auprès de cette Todi romaine, modèle qui, à lui seul, suffirait pour valoir à la ville la visite de tous ceux qui sont sensibles à la beauté.

Par une autre porte, vraie porte de place guerrière, nous sommes entrés dans Todi, et l'automobile a donné toute sa force, menant entre les murs étroits un tapage de mitraille, pour grimper au sommet où la place publique a été à la lettre bâtie. Elle repose, en effet, sur de grandes arcades qui forment onze énormes citernes où les Romains amassaient l'eau servant aux besoins de la ville. Au Moyen Age on les remplissait, par un aqueduc, des eaux d'une montagne voisine, et elles servirent jusqu'au XVIIe siècle. En ce temps-là Todi était moins grande, si elle était plus puissante qu'aujourd'hui. On remarque encore les traces de ses trois enceintes successives, la dernière datant du milieu du XIIIe siècle, et qui est celle que nous voyons encore, principalement du côté où s'élève la Consolazione.

Vieille ville ombrienne, Todi fut prise par les Étrusques qui élevèrent sa première enceinte. Soumise à Rome, elle lui fut fidèle et en fut surnommée, pour avoir envoyé ses enfants contre Annibal, « Marzia ». Puis elle suivit le sort commun, et on la trouve au Moyen Age menant la lutte contre les seigneurs féodaux jusque dans la vallée de la Nera, c'est-à-dire jusque vers Terni. Elle se fait le centre des résistances communales contre les châteaux, oblige les seigneurs à habiter dans ses murs qui s'agrandissent. Elle est importante, puisque sa milice compte quinze cents cavaliers. Elle connait la lutte de la commune contre les grands assimilés, et c'est de cette époque que date la place d'aujourd'hui avec ses monuments, Messer Spagliarino étant podestat. Elle eut enfin la gloire de donner le jour au poète Jacopone da Todi, l'auteur du *Stabat* :

Ebro de' cieli Jacopone, il folle
di Cristo, urge ne' cantici, in disparte
alla sua Madre Dolorosa l'arte
del Bramante serena il tiempo estolle.

« Ivre des cieux, Jacopone, le fou du Christ, rugit ses cantiques ; et s'oppose à sa Mère Douloureuse le temple dressé par l'art serein de Bramante ». Je me souviens d'avoir vu l'image de Jacopone au dôme de Prato, peinte par Domenico Veneziano, le maître de Piero. Ascétique et terrible, il est bien l'*ebreo folle* de Gabriele d'Annunzio, et qui souffrait des douleurs de la Vierge mère. Mais n'est-ce point plutôt sa misère dont il se lamentait ainsi, lui qui entra au cloître parce qu'il avait perdu celle qu'il aimait, et y vécut sans qu'on sut jamais bien s'il était fou ou s'il faisait l'insensé ? Sa folie, en tout cas, lui fit trouver des accents sublimes auxquels nous pleurons encore. Mort au couvent de San Lorenzo a Collazzone, à quelques kilomètres de la ville, sa dépouille fut ramenée à Todi en 1596 dans l'église San Fortunato où elle repose encore.

Qu'il est loin de Jacopone, l'art de la Consolazione ! Le monde a fini par se consoler, lui aussi. Il n'est plus ivre des cieux, mais de science et de beauté, et Todi confond sa propre histoire avec celle des villes voisines. Seule la place et San Fortunato conservent les grands souvenirs du Moyen Age, alors que Todi se rappelait toujours, et la renouvelait, sa grandeur romaine. Elle vit, cependant, celle-ci renaître au jour, lorsque Sixte IV la fit assiéger par son neveu Julien, le futur Jules II dont c'étaient les premières armes. Un seigneur Catalani tenait la ville au nom du Saint-Siège. Les Orsini, à ce moment révoltés contre leur maître habituel, poussèrent Todi à chasser ce représentant du pape. Et Todi voyait accourir à son secours tous ceux que menaçait l'avidité népotique de Sixte IV. Secondé par le condottiere Jean de Camerino, Julien prit Todi qui rentra sous le joug, et Jules partit pour Spolète et pour Citta di Castello où nous l'avons rencontré.

La place est vaste, et elle a grand air avec son église au haut de marches, ses deux palais publics accolés, un troisième palais en face la cathédrale et, sur le quatrième côté, regardant les palais mitoyens, l'évêché au fond de sa cour, et d'anciennes demeures devenues bourgeoises, mais sans offense. C'est à la fenêtre d'une de celles-ci que j'écris ces notes, face au palais du peuple et à celui du podestat. Un bizarre remaniement leur a donné le même escalier qui forme un grand perron sur lequel les deux portes s'ouvrent. Et cependant ils sont bien différents l'un de l'autre, le palais du peuple de style romano-lombard très pur, aux ouvertures carrées divisées par des colonnettes qui forment des arcs à peine indiqués, et reposant sur d'énormes piliers qui donnent à ce rez-de-chaussée l'apparence même des citernes qu'il surmonte ; le palais du podestat, d'un siècle plus jeune que son voisin, du XIVe, tout gothique, les fenêtres à arc aigu tout fleuri. Le palais des Prieurs qui fait face à la cathédrale fut commencé au XIVe siècle. Mais Léon X en ordonna la complète réfection. Il est sec, sans autre grâce que sa tour.

La cathédrale, face aux Prieurs, élève au-dessus d'une vingtaine de marches sa façade romane, à trois porches écrasés un peu par un haut mur droit ouvrant une rose dans la partie centrale.

Giovanni Pisano mit-il la main aux sculptures du grand porche ? Son influence s'y lit en tous cas. Mais si imposante que soit cette façade au haut de ces marches, l'intérêt de l'église n'est point là, mis à part aussi l'ensemble auquel elle concourt, et qui n'a d'égal dans mon souvenir, pour l'harmonie et le rappel médiéval, que la place de Volterra, l'intérêt réside dans les côtés extérieurs engagés dans des bâtiments qui composent un vêtement des plus pittoresques. Le côté droit, surtout, avec ses fenêtres gothiques et sa loggia, la nef transversale du presbytère, et l'étrange sacristie avec son escalier à jour, ses fenêtres de guingois, les ornements à colonnettes et à arcs, une débauche de fûts que coupent, rognent, traversent et respectent aussi les murs pleins postérieurement ajoutés. Derrière, une abside très ferme, engagée dans les constructions du palais épiscopal et du séminaire, et qui conserve, dans ses parties encore visibles, une maîtrise véritable par son galbe général et ses sobres détails. A l'intérieur, enfin, trois nefs séparées par des rangées de colonnes aux chapiteaux corinthiens et alternées de piliers, puis la fantaisie charmante, cet imprévu qui récompense toujours la peine prise aux choses les plus ordinaires, le détail qui fixe les souvenirs sur l'œuvre entière : la nef gauche est plaisamment doublée par une autre petite nef d'un gothique excellent.

Bien d'autres aspects sont à voir aussi de l'altière Todi ; la petite place qui s'étend près de la grande, ainsi que la piazzetta, à Venise, auprès de la place Saint-Marc, et qui s'ouvre sur les monts d'alentour, du côté où coule le Teverone, et regarde Spolète sur les dernières pentes de la Sabine ; San Fortunato qui garde la dépouille de Jacopone, magnifique église gothique des premières années du XIVe siècle, d'un gothique si riche qu'on l'attribua longtemps à Maitani, l'architecte du Dôme d'Orvieto, aux nefs qui rappellent, toute proportion gardée, celles de San Petronio de Bologne ; les restes du cloître de Sainte-Praxède ; l'Annunziata avec sa fresque d'Alunno ; les portes et les murs ; une charmante fontaine — et surtout, dans le palais du podestat, au milieu des échafaudages de restauration, un incomparable Spagna, le *Couronnement de la Vierge,* œuvre considérable, aux personnages multiples — on les a comptés : soixante-douze ! — que Bonaparte ravit aux Franciscains de Montesanto et que la France rendit à l'Italie.

Cette composition magistrale passe pour le chef-d'œuvre de Spagna ; j'aime trop Spagna pour assigner un rang à ses œuvres. Celle-ci m'a procuré le même enchantement que les autres par sa belle lumière, sa clarté rayonnante, ses blancs laiteux, si caressants, et une fois de plus j'ai constaté combien Spagna, sous l'influence de son ami Raphaël, avait su se dégager de Pérugin, de l'école ombrienne d'où ils sortaient tous deux. Il n'est pas un voyageur d'Ombrie qui puisse résister aux charmes de Spagna. Les grandes fresques de San Giacomo, près de Spolète, la petite fresque de Trevi et le tableau de Todi placent Spagna au premier rang, non point certes à côté de Piero ni de Signorelli, mais sur la même file, laissant loin derrière eux la cohorte des valets de Pérugin.

Sous les voûtes du palais du peuple, qui lui servent de remise, la corne de l'automobile m'appelle. Un dernier regard encore à la place harmonieuse et rude, vraiment digne du nid d'aigle qu'elle occupe. Un soleil terrible l'inonde, à faire reculer devant sa traversée. Les palais flamboient tellement que les yeux clignent. Et Todi tout entière frissonne sous les rayons brûlants, frissonne d'orgueil d'être aussi haut assise, d'avoir défié la nature et les hommes. Ivre des cieux comme Jacopone, Todi tout entière fixe le soleil.

Terni.

Nous avons laissé le Tibre s'enfoncer dans les gorges étroites où toute route reste impraticable, et, de crête en crête, nous avons gagné la vallée de la Nera. Le départ de Todi s'accomplit sur l'arête même de la montagne que la ville couronne. Le regard ne peut s'arracher de la fière cité que le roc semble projeter de son sein. Bientôt, cependant, la montagne s'abaisse, et nous descendons vers une première vallée, celle de la Naja, ravissante de douceur verdoyante. Elle est large, dépression considérable cachée au milieu des monts, et où l'industrie humaine prodigue ses cultures les plus profitables. La route court le long de la rivière, parmi des bois et des champs qui se relèvent doucement vers les hauteurs couvertes de châtaigniers. La fraîcheur est exquise de cent boqueteaux flanquant des fermes, des couvents, des villas ; une paix totale dans un air léger, transparent et doux.

La Naja n'a point les souvenirs du Tibre pour la hausser. Et son paysage jouit d'une modestie plus avenante encore. Ce n'est qu'une vallée sans doute, mais si retirée, si tendre, si perdue, et qui le sait ! Le voyage à pied serait idéal, à flâner le long des haies, à s'étendre au bord des ruisseaux, à dormir sous les arbres ; les troupeaux de Virgile, chassés de Mantoue, auraient trouvé ici leur contentement. Une petite ville, Acquasparta, ce qui veut dire : eau répandue, est assise au centre même de la vallée, vrai village de nos pays au milieu des plus grasses et verdoyantes prairies. On passe, et voici la dernière crête au bord de laquelle San Gemini regarde d'un côté la gentille Naja et de l'autre les fonds de Terni et de Narni où coule la Nera. San Gemini est un nom familier à tout voyageur qui le lit sur ses bouteilles. Un grand hôtel qui regarde vers Terni m'apprend que les eaux de San Gemini se consomment sur place aussi... Et voilà encore un repos que je prendrais, si j'étais chemineau.

L'automobile a serré ses freins et commence une descente de douze kilomètres, au bas de laquelle Terni nous recevra, entiers j'espère. La vue, tout le long de la route qui tourne à travers une campagne plantureuse, la vue est admirable, d'une largeur insoupçonnée entre la chaîne qui sépare le Tibre de la Nera, et les chaînes de la Sabine. Nous roulons au flanc de la première tandis que s'élève peu à peu l'impressionnante Sabine si bleue, presque mauve, où paressent encore quelques neiges. Terni là-bas offense un peu les verdures de ses cheminées fumantes, mais le vent balaie vite ces sanies, et vers Narni ce ne sont que délicats feuillages, ondulations des prairies. On croise des troupeaux, des charrettes, des ânes portant les instruments du labour, des voiturées joyeuses, et de temps en temps, accrochées au roc quelquefois menaçant, des fermes nous envoient le bruit de leurs bêtes. Voici vraiment l'une des contrées les plus heureuses de l'Italie, par sa grandeur prospère. L'Ombrie de Pérouse elle-même n'atteint pas à plus de beauté généreuse et tranquille. Il y a plus de tourment au pied d'Assise et de Montefalco. Peut-être l'ignorance où nous sommes de ce coin sans renommée aide-t-elle à le rendre plus précieux ; je ne sais. Il me semble bien pourtant trouver à cette vallée de la Nera une ampleur que je ne pouvais soupçonner au cœur de ces Apennins toujours si resserrés et pressés.

Il n'est guère, en Italie, d'intermédiaire entre la montagne étroite et la vallée infinie, entre la Toscane et la Romagne, par exemple, les Abruzzes et les Pouilles. Pour la première fois, je vois l'union parfaite de la plaine et des monts, chacun prenant sa part légitime sans rien disputer au voisin qui s'étend auprès de lui. Tout ici respire l'équilibre, distribué également, avec une noble équité. Cette vallée de la Nera, les usines de Terni l'ont un peu gâchée sans doute, mais dans sa partie haute seulement. Son destin reste injustement obscur ; elle occupe sur la terre italienne une place enviable, par son immense horizon, sa fertilité abondante, ses ruisseaux innombrables, ses pentes amènes, ses fonds ombreux, tant de grâce répandue, en un mot, sous le regard sévère de la troublante Sabine où vont se perdre tous nos rêves.

J'ai retrouvé Terni telle que je l'avais vue, il y a dix ans, ville industrielle bien achalandée, et j'ai voulu, avant que le soir tombât, revoir encore les cascades. Les flots tombent toujours, ainsi que conseillait de laisser faire la douce Pauline de Beaumont résignée à n'être plus aimée, et à en mourir. Le Velino précipité dans la Nera continue toujours son même fracas; sa nappe colossale ronge peu à peu le rocher formidable et sa poussière m'inonde encore une fois. Un souvenir de plus m'attache à la Nera; je le confie à son cours pour qu'elle le porte au Tibre prochain. Demain, au pied de l'Aventin, j'irai puiser dans le creux de ma main quelques gouttes de l'onde romaine, où je suis bien sûr de distinguer la subtile saveur ombrienne de Castello, de Pérouse, de Todi et de Terni, de la distinguer de l'âpre goût latin.

XIV

UN CHATEAU FÉODAL

Bracciano.

A mi-chemin de Viterbe et de Rome, non loin des ruines de Véies où se voient encore les ravages de Camille, un large lac aux eaux empourprées de soleil relève les bords de sa coupe en légères collines que trois villages dominent : Trevignano, Anguillara, Bracciano. Les condottieri de la papauté, les Orsini, s'étaient taillé sur ces bords leur domaine, comme leurs rivaux gibelins, les Colonna, s'étaient taillé le leur de l'autre côté de Rome, autour de Palestrina. Depuis longtemps, nous connaissons ces seigneurs féodaux devenus aussi puissants que le souverain qu'ils servaient, d'une dépendance purement nominale, en perpétuelle intrigue pour une profitable révolte, et que l'on ne gardait soumis qu'en leur permettant le brigandage, qu'en les jetant dans une guerre où le pillage tenait plus de place que les combats. Il faudra la forte poigne de Sixte-Quint pour les réduire à merci. Les Orsini étaient d'autant plus insolents que le Saint-Siège leur devait beaucoup. Ils étaient d'autant plus à craindre qu'ils pullulaient. On ne compte pas moins de douze familles de leur nom. Il s'en trouve dans les Abruzzes. Lorsque je voyageais en Italie méridionale, j'en ai rencontré, et de considérables, dans le talon de la botte. Bracciano peut être considéré comme la « maison-mère ». Le lac du moins, car le château d'Anguillara était aussi important que celui de Bracciano. Ce dernier possède, en revanche, sur le premier, pour le voyageur, un avantage incontestable : il est resté intact, tel qu'il fut bâti, tandis qu'Anguillara n'offre plus à regarder que des pans de murs écroulés. Le château de Bracciano ne cessa jamais d'être habité ; il l'est encore. Les propriétaires d'aujourd'hui, si l'on néglige le banquier Torlonia qui, en 1800, acheta le duché et le château pour les revendre bientôt, les propriétaires, les Odescalchi, l'acquirent en 1698 de la veuve du dernier Orsini de Bracciano. Cette noble dame était née La Trémoïlle, fille de M. de Noirmoutiers : la France l'appelle la princesse des Ursins. Elle avait épousé en premières noces Blaise de Talleyrand, prince de Chalais. Réfugié en Italie à la suite d'un duel, ce jeune homme y mourut dans les bras de sa femme que les cardinaux de Bouillon et d'Estrées remarièrent bientôt au duc de Bracciano vite trépassé lui aussi. Obligée de vendre son château au neveu du pape Odescalchi, la princesse des Ursins quitta l'Italie pour de nouvelles fortunes et pour des infortunes dont l'Espagne et la France n'ont pas encore perdu la mémoire.

Saint-Simon a dit de la princesse des Ursins tout ce qu'on peut en dire. Ses prouesses italiennes, au surplus, furent peu remarquables, ni remarquées; et si Bracciano ne nous permet pas de l'oublier, il nous oblige aussi à l'abandonner bien vite à Philippe V et aux Farnese. Bracciano n'est, en effet, sous aucun aspect, la demeure de l'intrigue discrète et des mœurs polies, où les appétits féroces se cachent sous les dehors les plus insouciants. C'est le château féodal dans toute sa rudesse et sa force. M. Ugo Fleres le compare au Castel del Monte de Frédéric II, gloire des Pouilles. Et l'on conçoit que, en Italie, où ce genre de forteresse est rare, le rapprochement se soit imposé. Nous Français, qui avons promené nos yeux d'enfants sur cent exemplaires de ce modèle, si nous sommes surpris c'est uniquement de le voir ici, à deux pas de Caprarola, de Rome et de Viterbe. Bracciano, c'est Pierrefonds ou Langeais, celui-ci surtout, grâce à l'intelligente appropriation intérieure, toute semblable, qui en a été faite. Cinq tours rondes crénelées, reliées entre elles par des murs plats, crénelés aussi, où de rares fenêtres sont percées, dominent le lac et les vallées. En ce pays où les châteaux-forts sont des palais, Bracciano ressemble plutôt à un repaire de brigands qu'à une demeure seigneuriale. Et il est plus sincère ainsi. Graine septentrionale que le vent des Alpes porta dans la vallée tibérine, Bracciano germa en burg rhénan sur les rives paisibles et roses du beau lac latin. Lorsque, au soir tombant, ses tours se penchent vers les eaux, celles-ci se refusent à les réfléchir; il ne le reconnaît pas. Que de fois j'ai vu, au bord de l'étang de Pierrefonds, le donjon prélasser son ombre parmi les nénuphars, ou bien les tours de Langeais rouler amoureusement dans les remous de la Loire courroucée! Le calme et limpide lac de Bracciano, aux fonds de blancs cailloux, se ternit à l'inclination du castel dont il repousse le baiser étranger.

Les Orsini, plus précisément Napoleone Orsini qui bâtit Bracciano, vers 1470, avait-il vu Castel del Monte dont la fière allure l'aurait séduit? Ou bien se contenta-t-il de développer la vieille forteresse des Prefetti di Vico qui précédèrent les Orsini dans la possession de Bracciano? Les deux hypothèses n'ont rien de contradictoire, puisque les Prefetti étaient d'origine germanique. Ils ont pu bâtir dans un style septentrional que Napoleone Orsini développa en songeant à Castel del Monte. Napoleone mourut en 1480; son fils Virginio acheva son œuvre, et les fêtes qu'il donna à Bracciano sont restées dans les annales et les mémoires. Si nous entrons dans l'enceinte, du faste virginien nous trouverons un témoignage dans la fresque d'Antonazzio Romano.

A l'entrée même de la cour à double portique, sous l'un de ceux-ci, le cortège de Virginio partant pour la guerre rappelle, à n'en pas douter, l'œuvre de Benozzo au palais Ricciardi. Antonazzio Romano s'est-il inspiré de celle-ci, ou peut-être Virginio en imposa-t-il le rappel, ainsi que son père songeait à Castel del Monte? Il m'a semblé pourtant que l'architecture était moins servile que la peinture. L'œuvre de Romano est par trop copiée, sauf dans ce qui aurait pu la faire admirer à part : la facture. Et sa valeur, dès lors, devient purement documentaire. De Benozzo dans sa partie gauche, et même de Ghirlandajo dans sa partie droite, cette fresque, au surplus, nous parle de Virginio, et celui-ci suffit à notre curiosité. Ce fut un beau scélérat, aussi galant que brave, aussi traître à toutes les causes que cruel et avide. Féal des papes, feudataire du roi de Naples, allié à celui-ci, chef des armées aragonaises, il passa son temps à se servir de sa puissance au dépens de ses maîtres et de ses amis. Les pauvres Alphonse et Ferdinand de Naples ne savent comment le contenir. Ils lui donnent Lecce et Tarente. Ils lui prennent une fille que Ferdinand épouse. Voilà le loup dans la bergerie.

Pourquoi Virginio, en effet, ne deviendrait-il pas roi de Naples? Heureusement que les affaires de Ferdinand II vont très mal, trop rapidement mal surtout. Et afin de mettre bas les pattes de Jean d'Anjou, Virginio est bien obligé de défendre son beau-père. Mais le roi de France lui-même se présente pour disputer le gâteau. Virginio est envoyé par Ferdinand II afin d'arrêter Charles VIII dans sa marche. Il vole à Bracciano dont il ouvre les portes à Charles qu'il héberge et fête pendant dix jours. Mais Charles, si brillant dans le nord de l'Italie, s'éclipse dans le sud. Virginio retourne à son beau-père. Mécontent de celui-ci, il sourit de nouveau à Charles, et finalement il est pris par les Aragonais qui l'emprisonnent et, bientôt, l'empoisonnent. Pendant ce temps, ses enfants se défendent brillamment dans Bracciano contre le pape et ses fils Gandia et César Borgia. C'est au cri de : Francia ! qu'ils le font.

Voilà l'homme, bien banal pour nous qui en avons tant vu de cette espèce parmi les condottieri ! Et le faste de Virginio, au fond, est bien peu de chose auprès de celui d'un Medici et, surtout, à cause de l'identité de la situation sociale, de Malatesta. Colleone lui-même, bien qu'il ne comptât pas de pape dans sa famille, a sa chapelle de Bergame. Ce Bracciano Virginio n'a que son château fort, triste, revêche et étranger.

C'est au bout du village, qu'il borne du côté du lac, que le castel orsinien s'élève, sur une sorte de plate-forme à laquelle on accède par une rampe. L'enceinte franchie, on pénètre sous une voûte qui donne sur une cour entourée de deux étages de portiques, colonnes massives à six pans. Des chapiteaux à palmettes portent les arcs de plein cintre. La première pièce où l'on entre, ainsi qu'il convient, est la cuisine, immense, presque formidable. Divisée en deux par des arcades à arcs surbaissés que portent des piliers grossiers, elle est faite pour cuire des troupeaux entiers dans des âtres que Rabelais aurait pu prendre pour modèle des cuisines de Gargantua. Cent valets pouvaient manger à l'aise dans cette cuisine, devant ces fours caverneux. On s'y représente aisément la suite de notre roi Charles, se retrouvant chez elle, prête à des ripailles dignes des rives de la Seine ou de la Loire. A la suite, quelques chambres basses, où sont dispersés des meubles massifs, dont tout le caractère réside dans une ampleur qui s'efforce en vain à garnir les murs. Des ouvrages en fer forment le fond de ce mobilier ; un lit sicilien de fer forgé, d'une délicatesse extrême, un brasier, un porte-bassin de fer battu. La matière est rude, le travail est fin ; toute la contradiction, si captivante, d'une époque où les âmes restent sauvages encore, tandis que l'esprit s'affine. Pensez au Palais de Venise, à Rome, contemporain de ce château, vraie forteresse lui aussi, et où le maître, Barbo, le pape Paul II, accumulait des œuvres d'art délicates, celles qui demandent, pour être goûtées, le plus subtil raffinement d'yeux longuement éduqués, l'art des pierres gravées! Bracciano ne possède rien de cette finesse, assurément. Mais, en transposant au militaire le palais de Venise, purement civil, on s'aperçoit d'un même contraste.

Cette opposition se montre principalement dans les grandes pièces d'apparat. On on compte quatre : la salle dite de l'empreinte, celle du triptyque, le salon de réception et la chambre rose. La première est décorée, au plafond, de trois fresques : les noces de Mars et de Vénus, les noces d'Alexandre et de Roxane, la prise de Troie par les frères Zuccaro, les Zuccari, que nous retrouverons dans le château, voisin, mais si différent, des Farnese, à Caprarola. Déjà, à Rome et à Naples, nous avons eu l'occasion de constater la méchanceté de l'art après la mort de Raphaël, en dépit des avertissements de Michel-Ange. C'est vers 1560, au moment même de la mort du peintre de la Sixtine, que les Zuccari décorent Bracciano. Et c'est, déjà, dans le style de Lanfranc et de tous les Napolitains qu'ils travaillent! Ils avaient sous les yeux les mêmes *Noces d'Alexandre*, à la Farnésine, par Sodoma, et, ce qu'ils trouvent à peindre, c'est une polissonnerie : un Alexandre tout frisotté prend par la taille une Roxane émoustillée qu'une naine déchausse, tandis que le cheval du guerrier semble réclamer sa jument. Dans les *Noces de Mars*, Vénus est assise sur les genoux du dieu, et sa tête de mariée de village roule déjà des yeux blancs. Ces peintures, dit-on, furent exécutées pour une Medici, Isabelle, fille de Cosme Ier, qu'épousa Paolo-Giordano Orsini, brute éperdue de jalousie, non sans raison, si l'on en croit Vasari et la scène, qu'il raconte, du Palais Vieux de Florence ; Isabelle mourut étranglée dans le château de Cerreto. La ruse de Vulcain, pour surprendre Vénus et Mars, Paolo l'avait renouvelée. Le lit, où la femme délaissée par son mari se récréait, fut rattaché à l'étage supérieur par des câbles de soie que l'on tendit au bon moment. Le lit monta avec ses hôtes, qui furent pris et exécutés aussitôt. La pauvre Isabelle, dont les premiers regards de femme avaient contemplé la Vénus et la Roxane libertines des Zuccari, pouvait-elle se douter que l'amour fût si tragique et si coupable ? Elle ne croyait pas à Vulcain.

Les plafonds des trois autres pièces sont droits, à poutrelles et à petits caissons, charmants de finesse et d'éclat. Mais l'admirable est les frises, entre les murs et le plafond. Ici, la Renaissance éclate dans toute sa maîtrise, avec une richesse, une grâce, une fécondité magnifiques. Volutes, écussons, amours, génies, guirlandes, celles-ci surtout dans la salle du triptyque, et qui rappellent la frise sublime de Michelozzo à San Eustorgio de Milan, ou encore les lourds festons de Mantegna. N'est-il pas frappant de voir l'art décoratif se concentrer à peu près tout entier sur les plafonds, comme il fait en France à la même époque ? On vit sur le dos, en ce temps-là. On ne pense qu'à l'amour, ou plutôt à ses plaisirs. Bracciano, édifié forteresse, devient une salle de joie, où le meurtre passe encore mais avec des raisons d'amour. Que feraient les seigneurs, en effet ? Leur temps de condottieri est fini. Charles-Quint et le pape ont fait rentrer tout le monde dans les rangs. Il ne faut plus broncher. Alors on ribotte. Et lorsque Marc-Antoine Colonna viendra à Bracciano, en 1580, ce sera avec une suite de quatre cents hommes qui s'y prélasseront avec toutes leurs aises.

Trompé sans doute par les peintures de Zuccaro, et sans se préoccuper des décors renaissance, Torlonia, au cours de sa possession éphémère, garnit Bracciano de meubles roccoco que Gregorovius y vit encore, lors de sa visite, en 1854. Si Torlonia chercha l'harmonie entre le mobilier et les fresques, il oublia une harmonie plus grande, qui s'imposait avant toute autre, celle du cadre, du monument lui-même. Des meubles baroques à Bracciano !

Les Odescalchi qui s'appliquent, depuis une vingtaine d'années, à rendre à Bracciano son aspect orsinien, y apportent peu à peu ce qu'ils peuvent rencontrer du xve siècle. Grâce à eux, la vie renaît dans ces murs, telle qu'elle fut. Salons et chambres se garnissent dans le style de cette époque. Je pensais à Langeais : c'est par là, encore plus que par son architecture, que Bracciano rappelle la citadelle de la Loire.

La salle du triptyque est ainsi appelée d'un tableau dont le centre est un Christ sur panneau, Christ primitif, de quelque Siennois sans doute, et que flanquent l'Ange et la Vierge de l'Annonciation, de la Renaissance ceux-ci. Au-dessous, une crédance toute simple et droite de lignes, chargée de cuivres et de poteries. Au centre, une table carrée, aux pieds massifs en forme de colonnes renversées, c'est-à-dire dont le chapiteau pose à terre. Des chaises de bois, à barreaux tournés, reposent autour de la table ; et, le long des murs, des fauteuils à pieds de griffes, aux bras à peine creusés, et au dos carré dont les montants sont sculptés en têtes de lions.

Dans la salle de « l'impresa », mêmes fauteuils et mêmes chaises. Aux murs des portraits et des bustes orsiniens, entre autres ceux d'Isabelle, et des vitrines pleines de vases étrusques trouvés aux environs.

La salle de réception possède les mêmes tables, chaises et fauteuils. Mais les meubles de muraille sont plus brillants, bancs et chaires gothiques, du gothique de la Renaissance, semblables à des stalles chorales. La salle rose, enfin, est garnie d'un bahut à panneaux en losange, de fauteuils tout de bois, sauf le siège, et surtout d'un lit à colonnes torses dont les chapiteaux représentent des anges debout.

Un dernier salon, cependant, resterait à décrire, dit de Pisanello. Seize panneaux à fresque forment la frise ; ils représentent des scènes de vie champêtre. Si l'on songe que la décoration du Palais des Doges, par ce Vittore Pisano, a péri dans les flammes, quel trésor serait pour nous celle-ci ! Il paraît, hélas ! difficile de la maintenir à Pisanello, qui mourut en 1456, alors que Bracciano, le Bracciano orsinien, ne date que de 1470. Seules les archives nous diraient si l'on peut faire remonter ces fresques aux Prefetti di Vico. Au surplus, qu'elles soient de Pisanello ou de quelque secondaire Toscan, ces fresques apportent des documents précieux, au même titre que les œuvres des églises de Florence où, sous les gestes des saints, nous voyons se dérouler l'existence des hommes du XVe siècle. Rares en Italie sont les fresques familières. Lorsque la religion n'inspire pas les artistes, la glorification d'un prince, ses hauts faits et sa famille, les commande seules. Grâce à Bracciano, nous possédons des témoignages réalistes, sans autre idéalisation que celle imposée par l'art. Purement populaires, les fresques dites de Pisanello sont d'une naïveté rare, et chère à tout cœur italien.

Ainsi, Bracciano offre un cycle complet. A qui sait feuilleter et lire, il ouvre le grand livre de la vie au moment de la transformation de la société qui va obliger de beaux et fiers brigands à devenir des seigneurs pacifiques, et qui appliqueront au luxe leur activité. Malatesta cumula, sans doute, l'art et la guerre. Il est à peu près le seul à jouir de cette abondance ; il fut, d'ailleurs, une manière de précurseur. Montefeltro à Urbin, Gonzagua à Mantoue, Sforza à Milan, Orsini à Bracciano sont les exemplaires d'un même type : le condottiere qui a réussi à devenir prince, et qui, ne pouvant plus s'agrandir, entend jouir pleinement de l'état où les temps l'ont trouvé et le maintiennent. A deux pas de Rome, nous le rencontrons ainsi sous le nom d'une des plus fameuses familles guelfes de l'histoire de l'Eglise et de l'Italie.

XV

A LA TABLE DES FARNESE

Caprarola.

Je suis couché dans un lit à colonnes où sont accrochés des rideaux de soie rouge. Autour de moi les murs sont tendus de rouge aussi, que des bandes jaunes divisent en panneaux. Des vieux bahuts çà et là. Le plafond est peint à dôme, et l'Aurore accompagnée d'amours y fait tourner son char. Dans les écoinçons des scènes galantes. On a frappé ; un homme est entré tenant dans ses bras des fagots et trois vieilles traverses de voie ferrée qu'il a jetées dans la cheminée sur les brasiers de la veille. La première chose à faire sera le voyage autour de ma chambre, et ça sera long. Hier soir, pour me rendre du cabinet de toilette au lit, rien que pour traverser mon domaine particulier, il m'a fallu trente secondes. Et tout à l'heure, lorsque je suis allé ouvrir les volets, j'ai compté les pas : il y en a vingt du lit à la fenêtre. Où suis-je donc ?

Je suis au palais Farnese de Caprarola, et son

hôte. Mais y serais-je en rêve seulement ? Ce que je sais de lui ne me dispose guère, en effet, à me croire éveillé. En 1908, M. André Hallays y est venu, « en flânant ». Il en a constaté « l'abandon depuis plus d'un siècle » ; fâcheux pour un gîte ! Je sais aussi que ce palais est la propriété du comte de Caserte, héritier des rois de Naples, et ceux qui m'ont suivi, par exemple, à la villa Madama, au flanc du Mario, savent que cette altesse entretient chichement ses héritages. Burckhardt, d'autre part, ne contient rien qui puisse me rassurer ; ces trois lignes seulement :

« Caprarola était jadis un lieu de pèlerinage pour tous les artistes et amateurs ; aujourd'hui, ceux qui passent leur vie à Rome y vont à peine. L'auteur n'a vu le bâtiment que d'assez loin, sur la route de Viterbe à Rome ».

Me voilà bien renseigné ! Par bonheur je me rappelle Montaigne, et lorsqu'on a l'occasion de consulter celui-là en Italie, il ne faut pas la manquer, ne serait-ce que pour la rareté. Il est si décourageant ! Il n'a pas fait trois pas qu'il s'arrête pour examiner ses graviers. Il ne parle, à peu près, que de ses bénéfices de ventre, de l'effet des eaux sur sa gravelle. De Montaigne, sans doute, on supporte cela longtemps, on le supporterait toujours ; tout de même, lorsqu'on peut s'en passer, on n'est pas fâché. Le bonhomme, pour s'être soigneusement regardé, et le monde en son cœur, a écrit un livre immortel comme la raison elle-même. Sa rançon fut de ne pouvoir contempler rien d'autre que soi. Et lorsqu'il vient en Italie, c'est dans l'impuissance totale à rien sonder d'autre que ses propres reins. Écoutez ce qu'il dit de Viterbe : « Il était si tard que nous dûmes faire tout un du dîner et du souper. Je me trouvais, ce jour-là, assez mal en point pour avoir dormi tout habillé sur une table, à San Lorenzo, par crainte des punaises : cela ne m'est arrivé qu'à Florence et en cet endroit-là. A Viterbe, j'ai mangé des sortes de glands appelés *gensole*. Ils sont savoureux. On y trouve aussi beaucoup d'étourneaux que l'on paie une baioque la pièce ».

C'est tout. Ouvrez vingt fois, au hasard, le *Voyage* de Montaigne. Dix-huit fois au moins, vous tomberez sur des détails aussi palpitants. La dix-neuvième vous rencontrerez les bains, et vous heurterez un caillou dont la dimension exacte ne vous est jamais épargnée. La vingtième seulement vous serez arrêté par quelque détail d'art : ce sera l'heureuse fortune du chapitre sur Caprarola. Aussi n'ai-je pas manquer d'amener ici le bonhomme avec moi. Et voici ce qu'il me dit, dans un italien d'écolier, que je suis obligé de traduire sans pouvoir, hélas ! user de la plume du vieux maître, si radoteur qu'il soit :

« Le palais du cardinal Farnese à Caprarola jouit d'une grande réputation en Italie. Je n'en ai vu aucun qui lui soit comparable. Il est entouré d'un grand fossé creusé dans le tuf. Il est surmonté d'une terrasse, de sorte qu'on ne voit pas les tuiles. Il est pentagone et il paraît quadrangulaire. Il est rond à l'intérieur avec de larges galeries tout autour, voûtées et peintes de toutes parts. Les pièces sont toutes carrées et fort belles. L'ensemble est très grand. Des salles principales il faut distinguer une admirable sur la voûte de laquelle, car le palais est entièrement voûté, on voit le globe céleste avec toutes les figures. Autour du mur est figuré le globe terrestre, les différentes contrées et la cosmographie, le tout peint richement sur le mur même. Ailleurs, sont représentées les plus nobles actions du pape Paul III et de la maison Farnese. Les portraits sont si ressemblants que j'ai reconnu tout de suite notre Connétable, la Reine mère, ses fils Charles, Henri, et le duc d'Alençon, et la reine de Navarre, ainsi que le roi François, Henri II, Pierre Strozzi, d'autres encore. Dans une même salle, et aux deux bouts, se voient deux portraits : l'un, celui du roi Henri II, à une place des plus flatteuses, porte cette inscription : *Conservateur de la Maison Farnese* ; l'autre est l'image du roi Philippe avec l'inscription : *Pour les nombreux bienfaits dont il nous combla*. On voit aussi, au dehors, plusieurs choses remarquables et belles. Entre autres une grotte d'où l'eau s'échappe dans un petit lac en donnant aux yeux et aux oreilles l'illusion de la pluie la plus naturelle. Le site est stérile et alpestre. On y doit amener l'eau pour ses fontaines jusque de Viterbe, qui est à huit milles de distance ».

Et Montaigne retourne à ses calculs. Cet inconcevable *Voyage* de Montaigne, je me suis surpris souvent à le rejeter avec colère. Et, pour en parler avec équité, ce serait un médecin qu'il faudrait. Dans ma jeunesse, j'ai souvent entendu vanter la thèse d'un aspirant docteur, dont le sujet était les médecins de Molière. La littérature y disputait à la médecine de la façon la plus agréable. Pourquoi n'entreprendrait-on pas un travail analogue sur Montaigne? Je vois très bien un aquatique, — ainsi appelle-t-on les médecins de stations thermales, — curieux d'art et de lettres, comme ils le sont à peu près tous dans cette branche de la profession, et qu'ils ont choisie pour se garder des loisirs, je le vois très bien courant derrière Montaigne, visitant toutes les piscines italiennes où le bonhomme se trempait afin de se guérir de sa gravelle, dégustant toutes les sources dont il faisait passer le torrent à travers son corps encombré de calcaire. A côté, ainsi, de l'étude médicale où serait consignée la bienfaisance des eaux, ou leur danger, ou leur disparition, l'aquatique écrirait son propre voyage, comme fit Montaigne, avec moins de souci personnel du moins. La littérature médicale y trouverait son compte ; nous y trouverions le nôtre aussi, comme je trouve le mien, aujourd'hui, à propos de Caprarola.

Je l'y trouve — oui, pour le passé et à peu près. Mais pour le présent ? Eh ! n'y suis-je pas ? Et je me souviens maintenant. Je voulais voir Caprarola, même en ruine. Je me suis informé. Des amis m'ont dit : « Caprarola est habitée depuis cinq ans, et le palais Farnese revit, non pas d'un luxe qui serait puéril, mais d'un confortable plein de goût que vous apprécierez. — On peut donc y entrer ? — La locataire, une Américaine, Mrs. B..., est à Rome en ce moment ; nous vous présenterons ». Et voilà comment, invité, sur mon désir de connaître Caprarola, à le voir tout à mon aise en y passant quelques jours, je suis arrivé ici hier soir, je me suis couché sous le plafond du cardinal, et je brûle dans ma cheminée des traverses de chemin de fer, tandis que, dans mon cabinet de toilette éclairé à l'électricité, clapotte l'eau de la baignoire : ô Montaigne, ô Burckhardt, ô Hallays où êtes-vous ? Et vous aussi, cardinal Alexandre Farnese, pour me jeter dehors votre lit !

Pour venir de Rome à Caprarola, il m'a fallu au juste une heure et quart en automobile. Après avoir gravi le mont Mario par le Via Trionfale d'où Rome se découvre appuyée aux collines du Pincio et de la villa Borghese, j'ai gagné la Via Cassia et roulé à travers les herbes de la campagne où dort la grande victime de Rome, l'étrusque Veies. Au loin, à droite, le Soracte, jailli du milieu des plaines, puis, derrière lui, la Sabine aux flancs verdoyants. C'est la route de Viterbe, en somme, celle que suivit Montaigne. Je la quitte à Ronciglione, et là commencent les premières pentes du Vico, lac qui occupe le cratère d'un volcan autour duquel verdoient encore les restes de la forêt ciminienne. Caprarola est située sur ces penchants mêmes, dans les monts de Viterbe. Et la route, plate jusqu'ici, devient difficile et précipitée. Le voyageur d'Italie est habitué aux chemins tourmentés. Celui-ci l'est plus que tout autre. Les lacets en sont innombrables. On tourne sur soi-même indéfiniment. En aéroplane, on irait de Ronciglione à Caprarola en trois minutes. L'automobile demande un quart d'heure au moins. Il lui faut descendre et remonter vingt fois des gorges étroites et profondes. Un chaos de petits monts. La terre, bousculée par le feu intérieur, s'est jetée de gauche et de droite, comme elle a pu. Cela fait un beau désordre, un méli-mélo de collines, comme des régiments qui fuient. Cette masure, en face, je pourrais la toucher. Pour l'atteindre, la voiture doit chercher le torrent à son extrémité. Nous tournons, tournons sans cesse. Mais n'arrive-t-on pas toujours? Tout à l'heure, là-haut, dans un éclair, Caprarola m'est apparu. Il approche donc. Voici la ville enfin. Et c'est calamiteux au plus haut point.

Un village misérable, noir de vieillesse, et de crasse un peu, grimpe au flanc d'un pic. La grand'-rue, toute droite, monte jusqu'en haut, et, ce haut, c'est le palais Farnese lui-même. Tout un appareil de rampes majestueuses et de terrasses puissantes, conduisent à la plate-forme, au fond de laquelle s'étend la façade du palais, deux étages d'ordres différents, mais bien harmonisés et surmontés d'une fière corniche : le palais romain aux champs, la villa romaine dans toute sa pureté, façade plate, rectiligne dont toute la beauté réside dans la simplicité, et l'ordonnance dans la clarté. Derrière, les frondaisons du parc font écran.

On peut tourner ; sur ses cinq faces, le palais reste pareil, uniforme, bien ouvert, tout joyeux dans sa majesté. Que de chemin depuis Bracciano ! Les temps, aussi, sont moins durs. Les frères et neveux de Paul III peuvent penser à autre chose qu'à se défendre : et ils se privent si peu que, en quelques années, ils auront tout gâché de leur prébende et de leur héritage. Tout de même, à deux pas du Bracciano des Orsini, ce Caprarola si purement agréable en dit long sur les événements considérables qui se sont déroulés en cinquante ans, de Borgia à Farnese. Charles-Quint a passé. Il n'y a plus que des valets.

Ces Farnese venaient de Farnetto, fief pontifical, près d'Orvieto. Ils étaient condottieri, d'origine lombarde. Paul III, frère de la maîtresse d'Alexandre VI-Borgia avait commencé la fortune de la famille. On l'appelait le cardinal « della gonella » (du cotillon). Il en était le pape, aussi ; et jamais la paternité, même chez Alexandre VI, ne fut aussi aveugle. Tout son règne sera employé à installer ses enfants dans des principautés. Pour y parvenir, il lui faut ménager à la fois l'empereur et le roi de France. Il offre donc Octave Farnese, le fils aîné de son fils Pierre-Louis, à la fille naturelle de Charles-Quint, et le fils cadet, Horace, à la fille naturelle de Henri II. Fort de ces mésalliances, projetées et consenties, il demande Milan pour Pierre-Louis. Charles-Quint feint de ne pas comprendre. Paul se garde d'insister et donne Parme à Pierre-Louis. Deux ans après, une révolte avait lieu à Plaisance, et Pierre-Louis, le fils du pape, était égorgé ; ce dont profite aussitôt l'empereur qui s'empare du duché. Octave veut le reprendre, mais Charles-Quint s'y oppose, et Paul III en meurt de désespoir et de rage.

Jamais famille ne connut bonheur pareil, ne rencontra la faveur au point où ces Farnese la connurent. Les richesses du musée de Naples sont les leurs ; à Rome, le palais fameux, la villa du Palatin ; à Palerme, la Pilotta. C'est à Parme, au musée, qu'il faut les voir, ces Farnese, dans leurs portraits pieusement conservés : ils excusent toutes les colères populaires. Jamais la bête humaine ne s'est montrée aussi à cru. Les efforts acharnés du frère de la belle Julie, maîtresse d'Alexandre VI-Borgia, aboutissent à ces bêtes repoussantes, mufle de bœuf, poitrine d'animal gras, mains tremblottantes de graisse et de luxure, à ces bègues, à ces idiots effondrés dans les vices les plus bas. Ne pouvant avoir d'enfants, ils se contentaient de ceux que leurs femmes leur donnaient. Le dernier, pourtant, Antoine, eût une fille, Élisabeth, qui épousera Philippe IV d'Espagne et en qui se retrouvera, par miracle, la ruse et l'opiniâtreté de l'ancêtre arrivé pape à la force de la gonella, du jupon, celui de sa sœur.

La famille, après la mort de Paul III, restait puissante, pourtant. Elle était maîtresse, en effet, du Vatican plein de ses créatures, en tête le pape Jules III. Et c'est alors, tandis que Horace Farnese se bat pour le compte de la France, tandis qu'Octave rentre à Parme du consentement de Philippe II, tandis que Jules III fait bâtir sa villa au pied de la colline du Pincio, c'est alors que le cardinal Alexandre, fils d'Octave, élève Caprarola. Ce palais est donc l'œuvre même, la plus parlante qui soit de cette famille et de ces temps. Les Farnese, comme tant d'autres condottieri se sont taillé leur part dans le grand manteau italien. Ayant fait un pape, ils sont plus puissants que d'autres. Un de leurs descendants, Don Carlos, montera un jour sur le trône de Naples, Don Carlos, le fils de cette Élisabeth Farnese dont Mme des Ursins éprouva la race jalouse et avide de pouvoir. Il n'y a plus d'Italie, il n'y a que des seigneurs qui entendent jouir des travaux accomplis par leurs ancêtres; le vieux sang guerrier ne se voit plus qu'au fond des douves. Palais Farnese et villa du pape Jules à Rome, Caprarola en Étrurie, regardons-les bien. Outre que nous y verrons la même main, celle de Vignola, franchement accusée, nous y lirons le siècle lui-même, siècle de profits, de plaisirs, de détente dans l'agrément de la vie, seuls guides désormais. A côté de Bracciano et avec lui, Caprarola résume tout un cycle d'histoire, exprime toute une philosophie, ce qu'ont engendré le tonnerre de Charles-Quint et la chute de Florence, chute qui fut elle-même, on peut le dire, celle de l'Italie.

*
* *

J'ai songé à tout cela, tandis que brûlent mes traverses de chemin de fer. Levé, je me rassure sur le temps qui va m'être nécessaire pour m'habiller, en songeant que je ne puis décemment me montrer au salon avant l'heure du déjeuner. Je prends ma canne pour rejoindre la salle de bain. Lorsque je pars, avec la résolution de tirer des chaussettes de mon sac, j'ai vraiment la sensation d'une excursion. Je me mets en route vers l'armoire où mes vêtements sont suspendus, avec l'espoir d'arriver bientôt si je reste ménager de mes forces. De temps en temps je m'assieds pour me reposer. Quant à la table où j'écris, et qui danse au milieu de la pièce, on y tiendrait quatre de front, coudes bien écartés. Pour voir de près le plafond, j'attendrai mon aéroplane. Jamais je n'aurais cru, depuis tant d'années que je les prends, que les soins de toilette fussent aussi dévorants. Et il va falloir faire le tour de la maison! Ce sera le tour de ville. Ceignons nos reins, et en route!

C'est fait. Ma qualité d'hôte m'interdit de tout décrire. Les murs seuls me sont permis. Je n'ai pas droit aux meubles. C'est Farnese qui m'est libéralement offert, et non pas sa locataire. Avec quel tact, d'ailleurs, celle-ci se dérobe, s'étant bien gardée, dans ce palais complètement désert et ruineux, de rien changer, de rien « restaurer », au sens abominable de ce mot, mais simplement de nettoyer, de consolider ce qui tombait, et surtout s'étant ingéniée à ne rien mettre qui détournât du cadre au profit du sujet ! On jouit ici de toutes les aises et de tous les conforts, mais rien de ce qui les procure n'attire l'attention ; meubles de taille proportionnée aux chambres et de style conforme, mais sans que jamais aucun d'eux puisse, s'ils sont purs et de bonnes lignes, distraire par leur détail ou leur ornement. Tout est sobre et discret. Une main adroite a su tout arranger. Voyons donc le palais ; le reste est silence.

Je suis sorti de ma chambre, et j'ai gagné, par le salon qui la commande, la galerie intérieure. Elle est complètement ronde, grande loggia sur cour, et autour de laquelle s'ouvrent les portes des appartements. Cette galerie ronde entoure le seul étage habité, et ne sert qu'à lui. En dessous les services, au dessus aussi. Au sommet une couronne de balustres cache les toits. Bien entendu cette loggia est toute peinte, selon le principe des loges du Vatican, en grotesques, par Tempesta. M. André Hallays dans les courtes notes qu'il a consacrées à Caprarola a bien raison de repousser loin de lui, à ce sujet, le souvenir de la villa Madama. Il y a pensé, pourtant. C'est qu'en effet, le même principe préside aux deux œuvres. Seulement, à la villa Madama, les fils de Raphaël sont encore tout imbus du génie paternel. A Caprarola, la dégénérescence est accomplie. Et le cavalier fuyant déguisé en femme, que Tempesta a représenté au haut de l'escalier, c'est le grand art lui-même qui se sauve. On dit que Tempesta s'est amusé à peindre sa propre fuite du château — on le rattrapa — alors qu'il s'y ennuyait. Pauvre Tempesta, sans foi et sans courage! Jules Romain, tout de même, ne se sauvait pas. Et lorsque Filippo Lippi s'évada de Prato, ce n'était pas par dégoût de son travail : Filippino témoigne d'une toute autre vertu, devant l'histoire.

Avant tout, cependant, je regarde la construction en elle-même, qui est la plus grande originalité du palais. J'ai vu l'extérieur rapidement hier soir, assez pour me rendre compte qu'il est à cinq faces égales. Or ces cinq faces viennent se réunir à l'intérieur autour d'une unique cour ronde et assez petite en somme. Donc toutes les pièces doivent être triangulaires ou trapézoïdales. J'en ai vu trois hier soir, le salon, la salle à manger et ma chambre. Carrés parfaits. L'ingéniosité de Vignola fut vraiment subtile. Pour que les pièces restassent carrées, ou du moins n'offensassent pas l'œil trop brutalement, il a disposé aux coins d'à peu près toutes, tantôt du côté des façades, tantôt sur la galerie, mille petits recoins — quand je dis petits... — mille réduits enfin qui rectifient les angles disgracieux, rétablissent l'équilibre des grandes surfaces sur lesquelles ils mordent habilement. Et ce sont ces réduits qui servent aujourd'hui pour les cabinets de toilette, les bains, les monte-charge, les offices et toutes les autres commodités modernes qui se trouvent ainsi dissimulées dans l'épaisseur des murs. Ma chambre possède deux de ces tourelles. Dans la salle à manger, l'une sert pour le monte-plats, l'autre d'office.

Cette salle à manger où j'entre tout d'abord, occupe l'une des cinq façades toute entière. Sept fenêtres, sans compter les deux des extrémités et qui éclairent chacune un réduit, regardent la campagne par-dessus le village. On dînerait ici, me dit le maître d'hôtel, entre trois cent cinquante et quatre cents personnes aisément. Je le crois volontiers. Les deux grands panneaux qui font face à la fenêtre sont peints à fresque, ainsi que toutes les pièces d'apparat, d'ailleurs. En celle-ci nous est racontée toute la légende d'Hercule, Hercule sauvé des eaux, Hercule tirant l'arc, etc. Le bandeau supérieur, tout autour de la salle et au-dessus des portes dont certaines sont simulées, représente en petits tableaux séparés tous les fiefs de Farnese : Plaisance, Parme, Canino, Marta, Castro, Capodimonte, Ronciglione, Fabrica, Isola-Farnese, Caprarola elle-même. L'un des petits côtés, enfin, est tout entier occupé par une immense fontaine de stuc, paysage aux arbres verts, aux maisons rouges, au fleuve bleu qui se déverse dans une large vasque de marbre blanc que flanquent des amours de marbre dont l'un, paraît-il, est antique.

Cette salle, dite d'Hercule, est la plus grande de tout le palais, sauf peut-être l'un des salons qui lui fait suite et qui communique avec un autre salon, carré celui-ci, le salon actuel, et qui n'a guère plus de dix mètres de côtés. Puis ce sont des chambres, sans fresques ailleurs qu'au plafond, celles qui sont habitées, chacune précédée, bien entendu, d'un salon particulier ouvrant sur les jardins. Je laisse ces intimités, et me voici dans la salle dite du concile où sont représentés Paul III au concile de Trente, et la rencontre de Charles-Quint, de François Ier et du Cardinal Farnese. Mais la plus intéressante est la salle des fastes. Quatre grands sujets principaux la décorent : Paul III et Charles-Quint partent en guerre contre Luther ; le cardinal-légat Farnese auprès de François Ier ; le cardinal Farnese (le fils de Paul) donne Parme à son frère Octave ; le cardinal Farnese en mission auprès de Charles IV. A côté de ces compositions où les personnages sont représentés grandeur nature, quatre plus petites : Octave Farnese épouse Marguerite d'Autriche ; Horace Farnese épouse Diane de France ; Pier Lugi est nommé chef des armées pontificales ; Paul III nomme son petit-fils Horace préfet de Rome. Montaigne tout à l'heure en a dit ce qu'il fallait en dire.

Toutes ces peintures sont l'œuvre des Zuccari, ceux dont nous avons vu l'œuvre à Bracciano. On y retrouve leurs qualités et leurs défauts habituels, l'adresse, la fertilité, le métier, la froideur, la hâte et l'indifférence. Mais la belle leçon ! La même qu'à Bracciano, accentuée ici de réalité. Non pas dans les sujets cosmographiques dont parle Montaigne, mais dans ceux qui représentent la cour des Farnese. Les Zuccari ne s'abusaient guère sur leurs maîtres. Les pauvres sires ! Ils défilent devant nos yeux, tristes et déjà les monstres adipeux où la postérité trouvera le témoignage de leur basse grossièreté. Seules, les figures de nos rois français obtiennent, ainsi que de Montaigne, notre indulgence. Serait-ce par puérile vanité ? Non. Vraiment, le connétable et les Valois ont fière mine, auprès des autres. Si gâtés que soient les Valois, ils ne sauraient être aussi avilis que les Farnese. Il y a encore en eux quelque chose de rude et, sinon de sain, de fruste du moins, que le fils de Pierre-Louis, lubrique meurtrier du jeune et bel évêque de Fano, ne saurait plus connaître. La forte Catherine de Médicis elle-même garde une certaine fierté, celle de sa race florentine. Lorsque Montaigne vint ici, en 1580, Caprarola brillait de toute sa fraîcheur, si la race était déjà pourrie. Ranuce, le neveu d'Octave, régnait à Parme, et il venait cacher à Caprarola ses dévergondages les plus audacieux ; Octave, Alexandre et Antoine, y idyllisaient leurs vices et y entretenaient leur corpulence.

Rentré chez moi, j'ai ouvert la porte de mon salon, côté des jardins, et qui donne discrètement sur un pont-levis. Le palais, en effet, est entièrement entouré d'un fossé considérable, et dont la profondeur mesure dix mètres au moins. Du côté du village ce fossé est dissimulé par les trois terrasses successives qui donnent accès au château ; la première ouvre sur le rez-de-chaussée où s'étend, exactement sous la salle d'Hercule, une salle des gardes au plafond voûté et peint de grotesques : c'est de là que part l'escalier intérieur ; la seconde ouvre sur un sous-sol, d'où s'élève l'énorme pilier rond qui porte la cour ; la troisième enfin, au niveau de la place du village, ouvre sur les caves. De chaque côté de ces trois portes qui se superposent, grimpent les rampes d'accès. Et l'entrée du rez-de-chaussée est précédée d'une plate-forme franchissant les douves qui entourent ainsi toute la masse. Je remarque alors que le premier étage, celui des salles peintes et des chambres, est flanqué de cinq tours carrées qui forment balcon aux cinq angles. De plain-pied on ne remarque pas ces balcons, ces tours. Mais du fossé ils apparaissent considérables, vraies tours de forteresse. Je ne sais si les Farnese bâtirent leur palais sur les fondations d'un château féodal ; il le semble en tout cas. Leur œuvre paraît une surélévation d'une œuvre antérieure, l'utilisation au goût et aux mœurs du temps d'un reste inutile. Vu ainsi, du fond des douves gazonnées et fleuries aujourd'hui, le palais est magnifique de puissance ; il ne badine pas. Il peut s'étendre tout plat, ouvert de mille fenêtres, il reste terrible. Du fond de ses douves, le chef-d'œuvre de Vignola a perdu tout son sourire au bénéfice d'une intense gravité. Il sort des profondeurs, massif, colossal, et c'est en vain que la grâce de sa corniche s'efforce de nous rassurer.

Je suis alors entré dans ces jardins. Ils occupent deux des côtés du château ; des trois autres l'un est pris par les terrasses de la façade, le second par un potager en contre-bas, le troisième par la route. Les deux jardins donnent sur les chambres intimes. Ce sont des parterres formées par de véritables haies de buis taillé que flanquent des lauriers, des orangers en pots de terre-cuite, que piquent des cyprès, des yeuses, des mûriers. De temps en temps un berceau, une salle de verdure, une fontaine, des cariatides comme celles qui commandent « mon » pont ; des murs couverts de rosiers grimpants ferment ces jardins, et sont percés de portes monumentales qui conduisent à une terrasse supérieure ornée d'une grande pergola où des paons blancs se promènent. De cette terrasse, on monte encore, cette fois dans le parc, grand bois de châtaigniers, bois considérable gravissant la montagne, et qui mène en pente douce par une allée double de tilleuls vers la dernière merveille, la palazzina, le casino perché sur une dernière plate-forme d'où tombent des cascades que président des dieux de pierre, que flanquent des cabinets d'eau, et que crachent des monstres marins. M. André Hallays en a décrit excellemment l'aspect. Écoutez-le :

« Derrière le château, sur la colline, s'étendait une adorable villa. Des deux jardins symétriques, dessinés sur le même plan que l'édifice même, il ne reste plus que des débris, quelques bouquets d'yeuses, des cyprès isolés, des murs, des terrasses, des fragments de statues et des grottes à moitié écroulées. Mais plus loin, une magnifique avenue conduit au casino : c'est la merveille de Caprarola. Un jet d'eau jaillit d'une fontaine en forme de fleur de lys. Deux murailles en bossages encadrent l'allée du milieu, et de laquelle l'eau se précipite entre les margelles contournées d'une longue goulotte. Plus haut, accoudées au fronton d'une grotte moussue, deux divinités barbues veillent sur un vase énorme dont le trop plein ruisselle dans un joli bassin. Plus haut encore, des Termes musiciens portant des corbeilles sur leur tête sont rangés autour d'un parterre planté de buis et de rosiers. Pour ce simple pavillon d'une grâce achevée, d'une pureté de lignes incomparable, d'une inexprimable élégance, car il est des beautés architecturales qui pas plus que les beautés musicales ne sauraient se traduire par des paroles, nous donnerions volontiers le majestueux *palazzo* et toutes les autres œuvres de Vignola ! La Renaissance n'a rien produit de plus original ni de plus précieux que le décor des jardins.

« Ici, ce décor est dans un triste état de délabrement. Les eaux coulent parcimonieusement. Beaucoup de fontaines sont à sec. Pauvres masques humains qui font inutilement la grimace de pleurer ! Pauvres dauphins qui toujours resteront en vain dans la posture de cracher ! Les fleurs sont rares et les parterres incultes. Les murs des terrasses tombent en ruine. Une des pièces de la *Palazzina* est convertie en poulailler. Puis, il faut l'avouer, certaines des sculptures de Caprarola sont d'une rudesse un peu barbare qui contraste avec la perfection du petit pavillon de Vignola. Mais on oublie vite les injures du temps et les imperfections de la statuaire quand, appuyé à la balustre de la *Palazzina,* on contemple à ses pieds l'assemblée des divinités champêtres qui, sorties de leurs gaines de pierre, semblent accorder leurs flûtes pour un concert rustique, et, au loin, dans l'intervalle des cyprès, l'horizon romain, les monts de la Sabine et le divin Soracte. Alors, on comprend le cri d'enthousiasme de saint Charles Borromée, qui visita Caprarola en 1580, la même année que Montaigne : « Que sera le paradis ! » Puis, s'adressant au cardinal Farnese, il ajouta, car il avait l'âme évangélique : « Oh ! il eût mieux valu donner aux pauvres tout l'argent qui a été ainsi dépensé ». A quoi le cardinal répondit, car il avait l'âme d'un économiste, « qu'au lieu de donner cet argent aux pauvres, il avait préféré le leur faire gagner, à la sueur de leur front ».

*
* *

A ce tableau de la Palazzina, je n'ai rien à reprendre. Le mal fait par le temps est considérable. On n'a pu encore y remédier complètement. Les buis sont taillés, sans doute. Il reste à replanter, à dégager les jeux d'eau envahis par les ronces, à opérer tout un travail délicat, patient et long qu'il ne faut entreprendre qu'avec prudence et circonspection. La Palazzina est occupée par une fermière qui s'avance vers nous, prend, d'un geste brusque, la main de la Donna et la baise dignement. Les maîtres passent, les mœurs subsistent et, dans le décor du XVIe siècle, leur survivance ajoute à l'exaltation du passant. Nous sommes avec le cardinal Alexandre, qui préférait garder ses vassaux à les enrichir, avec Montaigne aussi qui ne voyait des choses que leur éclat de beauté lorsqu'il voulait bien les regarder. Une main délicate a rendu la vie à la grande demeure farnésienne. Aussitôt, les instincts de refleurir. Avec les arbres taillés, les pergole rétablies et les eaux qui retrouvent leur chanson, les êtres renouent la chaîne rompue. Caprarola allume ses cheminées, et ses plafonds regardent de nouveau des tables étincelantes de mille lumières, parfumées de roses, couronnées de grâce. La Palazzina abrite les mêmes sentiments d'admiration et de soumission. Là-bas, à l'horizon, le Soracte est-t-il rasé? Le dôme de Saint-Pierre a-t-il chancelé? La Sabine a-t-elle modifié la ligne de ses monts?

Car il me reste à dire la dernière beauté de Caprarola, et c'est son site même. Maintenant que j'ai tout vu, je puis rassembler, et ce n'est rien moins que toute la campagne romaine qui s'étend au pied du château. Le palais, on vient de le voir, a été construit sur le rocher à pic, de telle sorte que, si je sors de plain-pied dans le jardin, je ne puis descendre dans le village que par trois terrasses. Ces jardins eux-mêmes ont été aplanis aux dépens du rocher puisque des murs de soutènement les ferment, et qui sont percés de portes pour conduire à leurs étages supérieurs et au bois de châtaigniers. Or cette œuvre en cascade, imaginez-la à plus de cinq cents mètres au-dessus de la mer, sur les pentes des monts Cimini ou montagne de Viterbe. Devant elle, autour d'elle, sauf du côté de son parc, de la Palazzina, aucun obstacle qui lui dérobe quoi que ce soit. Des fenêtres de la salle à manger, des balcons du jardin, j'aperçois tout d'abord le Soracte, séjour d'Apollon, énorme cloche solitaire au milieu des plaines. Derrière lui la Sabine; devant lui Civita Castellana, Nepi, Sutri. A droite Bracciano et la mer lointaine. En face enfin Rome elle-même dont on me promet pour ce soir la vision, lorsque Saint-Pierre luira au soleil couchant. Ah ! me tenter ainsi de toute cette campagne si profonde, d'où tant de voix s'élèvent pour m'attirer, sirènes du piteux Ulysse que je suis ! Farnese voyait ces horizons illimités sans autre sentiment que d'orgueil. Mon regard est tout amour, et je me sens tout disposé à céder aux irrésistibles chants !

Je n'ai pas exprimé mon désir, et déjà on veut l'exaucer. Ces trois jours de Caprarola, ils seront employés, après la promenade matinale dans les jardins, après les soins aux fleurs et après avoir porté le pain aux paons, ces journées seront employées à parcourir la campagne.

— Elle est trop délaissée par les voyageurs, me dit-on, cette campagne septentrionale de Rome. Je veux vous la faire connaître ; vous verrez que si elle ne jouit pas de la luxuriance des monts d'Albe et de Tibur, elle possède sa grandeur et sa beauté.

La cloche a sonné. Sous la fontaine de stuc

peint, assis à une table fleurie, nous parlons de nos courses prochaines à travers la campagne dont les senteurs et la mémoire entrent par les fenêtres ouvertes, portées sur les rayons du soleil. Ombres des Farnese, qu'en dites-vous? De tous vos domaines, il ne vous reste que les images peintes sur les murs autour de la légende d'Hercule dont on vous flattait lourdement, sous prétexte que l'un de vous s'appelait ainsi. Vous, Elisabeth, vîntes-vous jamais ici? Avez-vous regardé, de votre balcon, le Bracciano de Madame des Ursins? Mais vous, noble la Tremoïlle, vous promenez-vous encore derrière vos créneaux, dans l'espérance de nous apercevoir? Faites-nous alors la grâce de venir dejeuner avec nous. En me voyant, moi sans famille et sans gloire, assis à la place de vos bourreaux, peut-être vous direz-vous vengée, et sourirez-vous enfin. Ne craignez rien ; aucun Saint-Simon, et pour cause, ne se cache sous mon veston.

XVI

AUTOUR DE LA TABLE

Toscanella, Sutri, Nepi,
Civita-Castellana, etc.

Sortant du palais Farnese de Caprarola, l'automobile grimpe aussitôt le long du parc. Elle suit, pendant deux kilomètres, un chemin creux qui va nous porter à deux cents mètres au-dessus de Caprarola, soit une rampe à dix pour cent, ce qui s'appelle un bon placement, si l'équilibre est instable. Nous roulons entre de véritables murs que couronnent des plumets d'or. Sur les talus, en effet, poussent des genêts échevelés qui, s'inclinant au vent de la voiture, encensent notre bruyante superbe. Lorsque nous atteignons enfin la Via Cassia, c'est-à-dire la route de Viterbe au point où elle contourne le lac de Vico, l'océan d'or emplit tout l'horizon.

La vue est splendide. La chute précipitée des monts Cimini, à la crête desquels nous sommes parvenus, écrase le palais Farnese qui, hier, me semblait inaccessible déjà. Par-dessus ses toits, toute la campagne septentrionale de Rome : Civita Castellana au bord de sa gorge qui n'est plus que ruisseau ; Nepi projetant sa vieille citadelle ; la petite ligne sèche du Tibre, et Rome scintillante ; le Soracte solitaire et dénudé, ressemblant à Capri, voguant sur la plaine comme l'île sur les flots ; au delà du Tibre enfin, la Sabine dresse sa muraille le long de laquelle le village de Magliano accroche ses masures, par-dessus laquelle les Abruzzes ferment la dernière barrière du Gransasso coiffé de neiges.

Sur notre gauche, cependant, le lac de Vico dort au fond de son trou que la masse scorieuse, résidu du volcan, semblable à ces amas de détritus charbonneux que l'on voit aux abords des usines, que la masse du Venere creuse encore. Les pentes du lac sont boisées en partie. Mais entre elles et les eaux des champs verdoient, gagnés peu à peu sur le lac qui s'épuise. Sur la rive méridionale une large bande de sable s'étend entre la prairie et la nappe. Les germes féconderont bientôt cette petite plage, l'eau reculera encore, et, un jour, des troupeaux barboteront dans un vaste marécage.

Nous montons encore, jusqu'à huit cent cinquante mètres. Les ajoncs sont seuls à peupler ce désert éventé. On ne voit que leurs grappes moutonnantes, grand tapis jaune sur lequel nous allons glisser maintenant jusqu'à Viterbe qui gît à cinq cents mètres au-dessous de nous, reine d'une vaste plaine où l'œil cherche en vain un repaire. En face, de l'autre côté des champs de Viterbe, s'offrent seulement les monts Volsini au centre desquels repose le lac de Bolsena.

Je n'avais jamais douté que je reviendrais à Viterbe. Lorsque je la quittai pour Rome, voici bien des années déjà, je maudissais la pluie qui m'avait empêché d'aller voir la villa Lante à Bagnaja. Mais j'avais confiance en la fortune que, l'année dernière, je priais à Palestrina. Elle m'exauce aujourd'hui. Je revois enfin les remparts de Viterbe, leurs créneaux insolents, leurs tours carrées, leur église dont l'abside semble avoir crevé les murs, comme quelqu'un qui a joué des coudes pour se faire sa place dans le rang, murs plats, droits, sans fossés et sans bastions, faits pour des troupes qui possèdent pour toutes armes des arbalètes et des lances, et que les chats restent seuls encore à pouvoir escalader, véritable boîte dont a levé le couvercle pour y introduire la ville ; au tournant, je revois la villa Bonaparte où mourut une fille de Lucien, Lætitia, et, ces souvenirs donnés, nous laissons Bagnaja pour le retour, et filons vers Toscanella.

Les Cimini déversent leurs eaux dans la campagne où le prince Doria, dont le château de San

Martino apparaît au penchant des monts, fait paître ses troupeaux et faucher ses récoltes, et je comprends maintenant la fertilité de la plaine de Viterbe. Inclinée de l'ouest à l'est, des collines tibérines à la mer, elle reçoit par surcroît les pleurs des lacs de Bolsena et de Vico, augmentés des ruisseaux qui coulent des Cimini et des Volsini. La Marta rassemble ces eaux éparses et les porte à la mer, au-dessous de Corneto, après avoir passé sous les murs de Toscanella. Ainsi que Corneto, Ardea, Civita-Castellana et la plupart des villes étrusques de ces bords tibérins et maritimes, Toscanella s'est assise au-dessus d'une gorge au fond de laquelle court le petit fleuve, déversoir du Bolsena. Le rocher donne à la ville des murailles que l'industrie des hommes a prolongées du côté de la plaine. Au flanc de ce rocher, fenêtres ouvertes sur le précipice, des caveaux sont symétriquement creusés, tombeaux étrusques dépouillés aujourd'hui de ce qui les meublait, et sans peintures. La vieille Toscana, devenue Toscanella, s'élève en pyramide derrière le rempart de sa nécropole.

Ville animée, grimpante mais ouverte, à places spacieuses mais sans art, et dont l'intérêt principal réside hors de ses murs, sur un mamelon posté en avant de la ville. Un grand bâtiment, aux allures de ferme, et flanqué d'une église, nous rappelle que, à Toscanella comme à Corneto, trônait une citadelle où les seigneurs féodaux tenaient garnison, d'où ils surveillaient paysans et bourgeois. Ici la comtesse Mathilde logeait ses soldats à qui elle offrait San Pietro pour prier Dieu. San Pietro, encastré dans les casernes transformées plus tard en couvent puis en résidence de l'évêque-gouverneur, San Pietro tourne le dos à la ville qui n'en voit que l'abside gracieuse et forte à la fois, gracieuse par ses nervures et par ses arcatures disposées sur trois rangs comme ceux d'un collier, forte par son élan au-dessus du rocher, tous deux comme jaillis sous l'effort de la terre.

Les casernes longées, puis tournées, voici la cour que ferme encore, à droite, une vieille muraille, et le portail de San Pietro est devant nous. Dans la partie centrale construite en avancée, un porche est creusé que forment six colonnes supportant un arc de plein cintre décoré par l'art des Cosmati, cet art si brillant que l'on peut appeler vraiment l'art d'utiliser les restes. Au-dessus une petite galerie à arcs soutient un fronton que remplit une rose. Aux angles, des bêtes monstrueuses reposent sur la corniche qui court entre la loggia et la rose. Les transepts, franchement indiqués par des arcatures retombantes, ouvrent leurs portes basses entre des colonnes engagées, à petits arcs, et qui rappellent celles de l'abside. Monument d'une belle unité, en dépit des travaux successifs ; les proportions, l'harmonie et, grâce aux Cosmati, l'éclat de cet ensemble respirent un charme grave sans pareil. Trois siècles, cependant, y travaillèrent. Commencé au IXe siècle, San Pietro fut remanié au XIe d'abord, puis, le décor seulement sans doute, au XIIIe. L'œuvre première date donc des ancêtres de Mathilde, des Francs descendus avec Charlemagne, ces Francs qui vinrent remplacer les Lombards dont ils épousèrent, d'ailleurs, les filles. Nous les avons vus, ces Francs, à Spolète, autrefois. Ils s'appelaient ici les marquis de Tuscie, dont Mathilde était héritière. Au XIe siècle, la marquise de Tuscie, Mathilde, ne fit, à Corneto, que répéter les coutumes militaires implantées à Toscanella par ses pères et, sans doute, avant eux, par les Lombards auxquels Pépin et Charlemagne succédaient.

Quelle est exactement, à San Pietro, la part de Mathilde, celle du XIe siècle, puisque la construction primitive date des premiers marquis francs au IXe, et puisque le décor est l'œuvre des papes au XIIIe? Nous trouverons cette part plus spécialement à l'intérieur, pure basilique, c'est-à-dire que le roman de l'extérieur cède peu à peu à l'influence du style antique. On voit que depuis deux cents ans, les barbares du Nord s'acclimatent, deviennent peu à peu Romains. Le mélange est savoureux du chrétien et du païen, de l'église pure et du monument profane, de l'œuvre septentrionale en un mot et de l'œuvre latine. Derrière la façade romane voici la basilique, et l'une des plus pures qui soient, mur droit sur colonnes, plafond apparent, au fond l'abside nerveuse; mais les colonnes se terminent en arc et non en entablement droit, mais le plafond est à poutres inclinées dessinant l'ogive déjà. Ce mariage est savoureux à l'extrême; rien ne s'y heurte, ne se gêne, ne se nuit. Tout est juste d'accent et de convenance, jusque les décors: le puits à la margelle d'un rude profil, l'autel à baldaquin de pierre derrière une clôture de marbre, enfin la crypte sous l'abside, petite, étroite, mais si trapue, tendue sous le poids qui l'accable, et où se voit la rude main des Francs. Cependant au soleil brillent les pierres multicolores du porche, œuvre des Cosmati, ou de leur école, et les trois siècles ont composé un monument sans disparate, harmonieux au contraire, où nous pouvons suivre les temps dans leur développement depuis Charlemagne jusqu'au Patrimoine, alors que les féodaux ont fait place aux prêtres de Rome.

Derrière San Pietro, plus bas que lui, au fond d'une petite vallée, s'élève Santa Maria, œuvre, elle, toute entière, des temps de Mathilde qui la bâtit sans doute pour répondre aux nécessités de sa garnison devenue plus nombreuse. Santa Maria ressemble, en plus simple, à San Pietro. Elle ressemble encore davantage à l'église de la citadelle de Corneto. L'intérieur paraît, lui aussi, copié sur les deux autres, basilique aux massives colonnes portant des arcs dont la nervure intérieure est sculptée au trait d'étoiles à quatre branches. La corniche, entre les arcs et le mur plein, est soutenue par des consoles dont certaines figurent des têtes d'animaux. Sur l'arc triomphal enfin, une fresque, *le Jugement dernier*, qui nous montre que peut-être Giotto n'eût pas été nécessaire si, à cette époque, l'art byzantin de la mosaïque n'avait pas été en train de ruiner l'art de peindre.

Nous avons traversé la ville, et nous volons maintenant sur la route qui mène au lac de Bolsena. Elle suit la Marta, toute plate jusqu'à l'horizon des Volsini où se perche, à droite, Montefiascone qui se mire dans le lac encore invisible à nos yeux. Le voici, à peine le village de Marta franchi, le voici tout bleu au milieu des montagnes rousses, calme sous les rochers tourmentés. La simplicité de son ferme dessin, son unité d'aspect le privent des surprises qui rendent si attrayants pour les âmes romantiques des lacs comme Come, Lugano et Majeur. Bolsena est classique par ses lignes sobres, sans ressauts, sans fantaisies. Seules l'avivent et l'animent les deux îles qui voguent sur ses flots tranquilles, Bisentina et Martana. Dans cette dernière fut emprisonnée puis égorgée la veuve de Théodoric, roi des Goths, Amalasunthe.

Tout à l'heure, à Toscanella, je me souvenais des Francs et des Lombards. De tous les envahisseurs de l'Italie, les Goths se montrèrent cependant les plus souples et les plus respectueux ; Bolsena réveille la gloire très pure d'Amalasunthe. L'amie de Cassiodore s'efforça de continuer la sagacité et l'esprit politique de Théodoric. Tant que son fils Atalaric vécut, elle réussit, aidée, conseillée par Cassiodore, à maintenir la sage tradition d'habileté et de prudence. Son fils mort, elle manqua de confiance en son prestige, en sa vertu. Cassiodore s'éloigna pour ne pas voir la fin qu'il pressentait. Il quitta le conseil pour le cabinet où il rédigea ses grands rêves, afin de donner du moins à la postérité la haute leçon de l'infortune, tandis que Amalasunthe, trop modeste, associait à son pouvoir Théodat qui la relégua bientôt à Bolsena. Et la plume tombée des doigts de Cassiodore, ce fut Boèce, le chantre de Bélisaire vainqueur et exterminateur des Goths, qui la ramassa.

La civilisation gothique que je voyais à Ravenne fut l'un des phénomènes les plus prodigieux de l'histoire. Malheureux fruits précoces ! Les neiges de printemps les dessèchent avant le temps. Les Lombards, puis les Francs appelés par le pape pour délivrer l'Italie des Lombards, se jetèrent sur la Tuscie que Mathilde offrit au pape, le pape qui ne lui donna pas de gloire ni de prospérité, mais du moins la paix. Aussi ne la voit-on pas s'agiter au moment du traité de Constance. Le grand mouvement d'émancipation communale ne fait que l'effleurer. Le maître est d'ailleurs trop près pour que toute velléité d'indépendance ne soit pas arrêtée. C'est dans cette vieille Étrurie méridionale, sur ces confins du Latium que se trouvèrent les derniers fidèles de la papauté. Lorsque Albornoz passa les Alpes, venant d'Avignon, pour reconquérir tout le royaume perdu, il ne trouve que deux villes pour lui offrir leurs clefs. La première fut Montefiascone. Et il faudra la fureur insensée des papes népotiques pour diviser ces territoires.

De Montefiascone, gros bourg dont l'église date aussi des Francs, et dont le vin continue à entretenir le souvenir des Romains qui déjà l'appréciaient, nous descendons les Volsini pour reprendre la Via Cassia vers les Cimini. La Sabine maintenant se dresse à notre gauche, la Sabine d'où les Curiaces descendirent un jour pour occuper le Capitole. Bagnaja nous appelle. Nous laissons encore une fois Viterbe, passons devant l'admirable Quercia dont je revois le porche aux Robbias éclatants et doux, et les eaux de la villa Lante gazouillent leur fraîche chanson.

Au flanc du mont San Valentino, la villa lance son parc de chênes verts qui se perdent bientôt au milieu des bois. Le jardin fameux s'étend au pied même du penchant. Deux pavillons en composent la fabrique, pavillons sobres et sévères, dont les murs accusent la main discrète du Quattrocento, et qui sont séparés par une longue goulotte comme à Caprarola et à Frascati, toute échelonnée d'une crémaillère où l'eau se heurte et rebondit avec fracas, une longue goulotte descendant d'un bassin supérieur et conduisant les eaux entre les deux pavillons, sous la terrasse desquels elles disparaissent pour aller remplir la grande pièce d'eau du jardin étendu devant eux. Ce jardin est divisé en deux parties, la partie des fleurs et celle des eaux, la seconde entourée par la première. Les parterres sont au nombre de deux dessinés par des buis profonds que délimitent aux huit coins des orangers dans leurs pots de terre cuite. Et la pièce d'eau centrale, qui reçoit la cascade, carrée, elle aussi, comme les parterres, se trouve ainsi continuer les fleurs, elle-même véritable parterre d'eau dont le vert frais ressort joyeusement sur le vert sombre des buis, et s'offre aux reflets des fleurs.

La beauté de ce parterre d'eau est d'une pureté classique impeccable. De chaque face du quadrilatère qui le compose part un pont à balustres, commandé, à l'entrée, par deux obélisques. Les extrémités de ces balustres se continuent en une balustrade circulaire qui unit les ponts les uns aux autres, et forme ainsi un second bassin, rond cette fois, au milieu du premier. Au centre de ce second bassin s'élève une vasque de pierres plates au milieu de laquelle se dresse une fontaine à petits filets d'eau, et d'où s'élancent deux statues portant trois de ces « monti » qui figurent dans les armes des Chigi dont le fief de Soriano n'est qu'à quelques kilomètres de Bagnaja. Au centre de chacun des quatre premiers bassins, enfin, un motif sculptural, barque ou autre sujet aquatique, peuple l'eau de ses lignes capricieuses, en est le sourire.

Tout à l'heure, pour fixer l'image, je rappelais Caprarola et Frascati. Les voici encore qui reviennent à l'esprit, mais pour faire ressortir tout ce qui les sépare de Bagnaja. La sobriété de Bagnaja, le Quattrocento la signe. Et Frascati demeure le chef-d'œuvre du Seicento. Quel chemin parcouru ! Aux portes de Rome, elles sont rares les villas qui peuvent se réclamer de la Renaissance. Tout à l'heure, rentré à Caprarola, j'irai revoir ses eaux considérables et somptueuses : mille architectures se prêtent à leur expansion diverse ; leur chute est leur seul but, et qui s'asservit la nature comme l'œuvre des hommes ; luxe fastueux, elles réjouissent les habitants sans participer à la vie du palais dont elles restent éloignées. Ici, au contraire, si les eaux repoussent un instant la maison qui s'est divisée en deux pour les laisser passer, la maison ne garde pas moins la prééminence et les contraint à la seule ornementation de ses êtres. L'architecture domine toujours et l'eau rentre dans le développement architectural au lieu de plier celui-ci à ses jeux. La conception reste d'une demeure que l'eau ne fait que réjouir, tandis que, aux siècles suivants, à Caprarola et à Frascati, le bâtiment donnera aux jeux d'eau leur existence propre, à part, et les pierres devront, logiquement, obéir aux fantaisies de leur maîtresse; elles ne seront plus qu'un moyen; bref les rôles seront renversés. A Caprarola l'architecture dépend de l'eau, des caprices de qui elle émane et qui lui crée son style ; de là les rocailles, les buffets et les termes eux-mêmes qui crachent. A Bagnaja l'eau ne fait que remplir les espaces architectoniques, elle reste secondaire. Les eaux de Bagnaja, ce n'est pas arbitrairement que je viens de les voir en parterres où les balustres jouent les bordures, la vasque la corbeille, l'eau la fleur. Les eaux de Caprarola sont à elles-mêmes leur fin, elles se suffisent ; coupez les conduites, il ne restera des eaux de Caprarola qu'un amas inutilisable. Asséchez Bagnaja, il suffira de planter des fleurs dans les bassins pour garder au jardin sa fraîcheur, son éclat, sa beauté.

*
* *

Hier, nous montions au nord ; aujourd'hui nous

descendons au sud. Les Cimini séparent la plaine de Viterbe de celle de Rome, mais les mêmes hommes les occupaient toutes deux. Etrusques, Romains, Lombards, Francs les détruisirent au même titre. Je ne puis oublier que Sutri, vers laquelle nous roulons, fut donnée, par Luitprand roi des Lombards, au pape Grégoire II, en 727, et forma ainsi le noyau autour duquel viendra s'agréger le patrimoine de saint Pierre. Mathilde fournira la plus grosse part, mais Sutri restera le premier bien temporel de la Papauté que Charlemagne consacrera propriétaire; que les empereurs successifs enrichiront et dépouilleront tour à tour; que les seigneurs, institués par elle ses gérants, trahiront et renieront pour maîtresse; qu'un empereur, Charles-Quint, afin de mettre un peu d'ordre dans le chaos italien, finira par constituer en royaume à frontières précises; et qu'un petit roi de Piémont viendra gober enfin, ainsi que le juge met d'accord les plaideurs.

Ces Farnese, dont je suis l'hôte, étaient Lombards aussi, originaires de Farnetto, non loin d'Orvieto. Lorsque le cardinal Alexandre mettait le nez à la fenêtre de Caprarola, que pensait-il de la Sutri étendue à ses pieds, et d'où était partie la puissance pontificale dont le développement le ramenait seigneur des pays où ses ancêtres primaient, et dont leurs successeurs s'étaient dépouillés pour qu'ils lui revînssent plus tard? C'est le jeu des nations. Alexandre, soyons-en certains, ne s'y amusait pas du tout. Il était pratique, et lorsque, du moins, je m'assieds à sa table ou m'endors sous les roues de l'Aurore, je lui en sais le plus grand gré.

Sutri est située dans la plaine qui sépare le cratère du Vico de celui du Bracciano, au confluent de deux cours d'eau, sur un mamelon séparant les petites vallées. De Caprarola on y parvient sagegement, si l'on veut, par la route de Ronciglione et de Capranica; nous avons préféré les chemins de traverse qui ont failli nous faire repentir de notre témérité. Il a plu, tous ces derniers jours, et ces routes agricoles, creusées entre des haies, forment de terribles fondrières. Je ne disais rien, mais je pensais aux éclatements de pneumatique au beau milieu des mares que nous traversions. Le dieu du caoutchouc nous a protégés. Nous sommes arrivés à Sutri sans accroc, nous étant abondamment rendu compte de ce que devaient être les voyages d'autrefois, alors que les routes n'étaient pas ferrées, du temps de Ponce Pilate enfin. Pourquoi Pontius Pilatus apparaît-il ici? Parce que il était né à Sutri. Comment en douter lorsqu'on me montre sa maison? Rajeunie au temps de la Renaissance, sans doute, et au point qu'on ne se douterait guère de sa romanité. Mais enfin sa maison. Et puisqu'il faut bien que Pilate soit né quelque part, Sutri peut fort bien s'accepter, puisque cela ne gêne ni elle, ni Pilate, ni le Christ, ni l'histoire enfin. Et j'aimerais assez, je l'avoue, que la première ville du royaume temporel de Jésus-Christ, se trouvât précisément celle où vit le jour celui qui s'était aussi étourdiment lavé les mains de la destinée. Belle leçon pour les préfets indiligents !

Sutri, au surplus, se recommande de mieux encore. Elle fut étrusque, et elle enrichit Rome d'un proverbe : *Ire Sutrium,* qui équivalait à notre : « facile comme bonjour ». Les Sutriens, sentinelles avancées de l'Etrurie à la frontière du Latium, s'étaient de bonne heure donnés aux Romains. Les Etrusques arrivèrent un beau matin et assiégèrent la ville. Ils y étaient entrés et s'occupaient à enchaîner les habitants pour les emmener en esclavage, lorsque Furius Camillus apparut au détour. Fondre sur l'ennemi, délivrer les prisonniers et reprendre la ville, fut l'affaire d'un instant. Et Sutri, en un jour, fut prise deux fois, d'où vint le proverbe.

Que Sutri, en tout cas, soit si vieille, nous n'en doutons pas. Avec toute la différence qui peut exister entre ville et village, Sutri me donne la même sensation que Viterbe, la noire Viterbe, aux maisons minables, décrépites, enchevêtrées les unes dans les autres, où les fenêtres sont des trous sans clôture, où les escaliers extérieurs mènent à des portes bouchées depuis des siècles, quelque chose enfin qui ressemble encore à Palestrina et à Cori que je vis l'année dernière, et où les pierres, si on les descellait, tomberaient en poussière, et quelle poussière ! d'un noir jaunâtre, comme si elle avait macéré pendant des siècles dans les eaux d'une étable. Le biographe de Sutri, M. Sante Bargellini, dans son excellente monographie, me dit bien que Sutri, voulant rester moderne, possède un séminaire, un hôpital, une longue rue qui la divise en deux parties, une belle place avec une fontaine neuve et aussi un moulin électrique. J'ai vu la fontaine et la rue, tout comme la maison de Pilate. J'ai vu aussi la cathédrale, hélas ! dont l'abomination baroque repousse encore plus que les maisons jaunes des remparts. Ceux-ci du moins n'affichent rien qui déshonore leur vieillesse ; ils cachent leur peau ridée sous la seule parure des arbustes et des herbes, et ne cherchent pas à en imposer par des bijoux ou des soies. Ils sont superbes, à pic sur la petite vallée où nous venons de descendre, portant des maisons qui les continuent, creusant dans le rocher naturel des cavernes antiques, échevelant des ronces et des lianes. Seul, l'évêché apparaît tout flambant mais sans offense, au milieu des masures désordonnées et pantelantes, et on me raconte que, ce bel évêché tout neuf, il est dû à l'ingéniosité de l'évêque qui partit un beau matin pour l'Amérique du sud afin de rendre visite à ses frères italiens, et revint l'escarcelle pleine.

La Sutri d'autrefois, cependant, ne se limitait pas à celle-ci. De l'autre côté de la petite vallée, appelée Fosso Cacchiano, s'élève en effet un autre mamelon occupé à peu près tout entier aujourd'hui par la villa Savorelli. Avant d'y monter, nous visitons ses caves, je veux dire que nous pénétrons dans les grottes creusées dans la roche calcaire, autrefois tombes étrusques, et dont l'une a été transformée en petite église consacrée à la Madonna del Parto. Tous les parasites feuillus du rocher en couvrent les murs extérieurs, branches tombantes qui se balancent et traînent jusqu'à terre. Il faut presque écarter les lianes pour entrer dans le sanctuaire, tout comme autrefois je les écartais pour pénétrer, à Cumes, dans la grotte de la Sibylle. Ici, comme à Rome, les chrétiens ne firent que s'installer dans un lieu déjà consacré. La religion des Etrusques était celle des morts. La religion de Jésus prit la place du culte disparu, et orna les tombes vides. Et, cette église, la voici : trois nefs en divisent la surface, larges à peu près de deux mètres chacune ; ces nefs sont délimitées, sur le sol, par de longues banquettes de pierre brute, à peine taillées ; sur ces bancs longitudinaux sont posées, visiblement dégagées du bloc général et non rapportées, des colonnes, si on peut nommer ainsi ces masses grossières et informes, piliers si l'on veut et qui vont se perdre dans la voûte toute striée, comme une grotte ; au fond, l'abside, qui n'est qu'une niche, où repose un pauvre petit autel. Le tout est éclairé par des trous creusés dans la paroi de gauche.

Quelle est la part des chrétiens dans ce caveau funéraire ? Ces piliers divisaient-ils auparavant des chambres sépulcrales, ou bien la pique les dégagea-t-elle pour agrandir l'église ? Telle qu'elle est, la Madonna del Parto nous donne une idée assez exacte des églises primitives, lorsque le christianisme sortait des catacombes, mais n'osait encore cependant sortir tout à fait de terre. Plus tard, l'église fût décorée. Des peintures couvrirent quelque surface de ses murs. L'une d'elles représente un archer qui lance une flèche contre saint Michel ; mais la flèche n'atteint pas son but et revient frapper l'archer impie lui-même et qui, d'ailleurs, ne se décourage pas et envoie d'autres flèches obstinément retournées, cependant que de petits bonshommes, vrais nains comme on en voit dans les dessins d'Avelot ou de Delaw, montent, les mains jointes, vers l'archange du Gargano.

La villa Savorelli s'étend au-dessus même de la Madonna del Parto, sur le rocher dans lequel l'église est creusée. Inhabitée, entretenue sans zèle, cette villa respire une mélancolie profonde qu'accentue sa sévère beauté. Au bord du jardin, et ombragée par le bois de chênes verts, elle dresse ses grands murs nus, trois étages roux sans aucun autre ornement que, sur la face, un haut fronton carré piqué de six bustes. Derrière elle, au bord même de la vallée, et au bout d'une longue terrasse, une église baroque, chapelle de la villa. Le jardin nous offre à regarder le plus classique jardin italien, où des buis, taillés en haie véritable, dessinent diverses figures. Des boules énormes, aux coins de ces buis, forment çà et là des bornes et limitent des carrefours entre les parterres dont le centre est occupé par des arbustes affectant, sous le ciseau, toutes les formes, depuis le parapluie jusqu'à l'obélisque.

Le bois de chênes occupe plus de la moitié de la villa, frais, sombre, et se terminant en terrasse sur la vallée où s'enfonce la ruine d'un amphithéâtre antique, beaux gradins de pierre grise, envahis d'herbes et d'arbustes. On l'a laissé ainsi, peu à peu, se recouvrir lui-même chastement, rentrer ainsi dans la nature dont sa ruine le rapproche tant. Et j'imagine, au temps prospère des seigneurs, ceux d'ici quittant le jardin fleuri, la maison ombragée, pour se pencher, comme nous faisons, sur le balcon de la terrasse, et regarder la coupe du cirque où leurs ancêtres luttaient vaillamment. Leur piété était-elle égale à la nôtre? Leur silence était-il aussi ému que le nôtre? Sutri, derrière nous, devait moins peser à leur âme qu'elle ne nous opprime. Etrangers dans ce paysage si sec et si triste, nous n'avons pour nous relier à lui que Rome dont ces pierres mortes vibrent encore, et résonnent dans nos cœurs. Par elles, nous sommes plus pieux, et si nous nous accrochons désespérément à leur souvenir, c'est pour ne pas nous sentir par trop solitaires.

De Sutri à Nepi, quinze kilomètres seulement, à travers des champs couverts de belles récoltes. Nous y arrivons promptement, et stoppons sur la place où se dresse un assez noble monument de la Renaissance, le municipe à arcades profondes. Nepi ne se hausse sur aucun pic, et le seul souvenir de Lucrèce Borgia et de son frère m'y a attiré. Nepi constituait une place importante, au centre de la campagne septentrionale de Rome, dès les premiers siècles de notre ère. Au VIIIe siècle, la tenait au nom du pape un duc du nom comique de Toto. Le cardinal Rodrigue Borgia se l'était fait donner en apanage, et son premier soin fut d'en reconstruire la citadelle, œuvre de San Gallo, aux trois quarts ruinée aujourd'hui. Elle s'élève aux portes de la ville, inutile débris. Les deux tours, l'une ronde, l'autre quadrangulaire, qui la flanquent, datent du Borgia. Le reste, de Paul III qui y installa Pierluigi, son fils. La cour intérieure est formée de portiques murés et en ruine. Tout, à l'intérieur, est effondré et je n'ai pas renouvelé l'exploit de Gregovorius qui monta dans les pièces de l'étage par une échelle. Çà et là se voient encore les armes de Borgia. Ici Lucrèce se retira après l'assassinat de son mari Alphonse par son frère. De ses trois maris, Alphonse est le seul que Lucrèce semble avoir vraiment aimé. Et ce fut à Nepi qu'elle l'aima. Elle n'hésita point, pourtant, à obéir à l'ordre de son père qui l'y envoyait « se remettre de ses émotions » selon l'expression naïve de Burchard, ce prodigieux annaliste que l'on voudrait tant, pour la beauté de son œuvre, alors l'une des plus étonnantes qui auraient jamais été écrites, que l'on voudrait reconnaître pour le plus férocement pince-sans-rire des mémorialistes. Imaginez Machiavel écrivant le *Diarium* ; rien ne pourrait atteindre, pas même Juvénal ou Tacite, à une telle implacable satire.

Non, hélas ! Burchard n'était pas malicieux. Il était simplement scrupuleux. Lucrèce aussi, obéissante fille qui savait bien ne pas avoir à discuter ses mariages ; débarrassée de son père et de son frère, elle devint même le modèle des épouses et des princesses, à Ferrare. Bonne mère, elle l'est déjà à Nepi où elle est venue se réfugier aves son petit Rodrigue. Et, de là, elle écrit à son intendant resté à Rome en vue des soins divers qui lui incombent. Elle le charge de faire célébrer des messes pour l'âme « du seigneur duc » son époux. Et elle signe « la malheureuse princesse de Salerne ». Est-ce du style ? On ne le sut jamais, si l'on peut croire cependant, à certains indices, qu'elle avait aimé Alphonse. Longtemps?... L'aimait-elle encore, veuve, dans cette Nepi de sa lune de miel? Ses lettres parvenues — on les retrouve à Modène dans les archives de Ferrare — ne nous confient que peu de chose. Elle demande des étoffes de deuil pour draper son lit. Ce peut être convenance. Et les commissions qu'elle donne pour des gens qu'elle prend la précaution de désigner par des surnoms, font voir qu'elle pensait, en dehors de son malheur, à limiter son séjour à Nepi, à revenir à Rome. Elle dit qu'elle ne peut écrire, parce qu'elle a du chagrin — « tant de chagrin au sujet de mon retour à Rome ». Elle pleure tout le jour, parce que Farina (c'est le cardinal Farnese, frère de la maîtresse de son père) ne lui répond pas. De telle sorte que la « très malheureuse » ne paraît l'être que parce qu'elle s'ennuie.

Elle fut distraite cependant, un jour, par la venue de son père et de ses frères. On allait discuter en famille la ligne de conduite à suivre. César vient d'être fait duc de Valentinois. Il a la promesse de Louis XII de le laisser conquérir la Romagne. Un véritable plan de campagne contre les seigneurs de Forli, Faenza, Bologne même, doit être arrêté, des alliances recherchées, des crimes décidés. Les murs de Nepi n'ont rien répété de ces colloques ; nous en avons vu le résultat, autrefois, en Romagne. Lorsque Alexandre VI quitta Nepi, le remariage de Lucrèce était décidé. Elle serait à qui prometterait de soutenir César. Elle consentit à tout pourvu qu'on ne la laissât pas à Nepi. Arrivée à Nepi au mois d'août, elle rentra à Rome en décembre, et elle reprit la direction du Vatican domestique, des fêtes et des intrigues. Un an après, Alphonse d'Este l'emmenait à Ferrare. Nepi devenait l'apanage du petit Giovanni Borgia, fils du pape et de Julie Farnese.

Nepi, cependant, revit encore un Borgia. Et le plus grand, César. On sait qu'il tomba malade le même jour où son père fut empoisonné ou, du moins, fut atteint du mal qui devait l'emporter. César a dit depuis : « j'avais tout prévu en cas de mort de mon père, sauf ma maladie ». Il se rétablit au milieu des résultats de la première imprévoyance, mais la plus grave, de sa vie. Et son premier soin fut de quitter Rome en toute hâte. Il se fit porter à Nepi en litière, et y attendit l'élection du nouveau pape Pie III. Alors, il rentra à Rome en maître pour y préparer, dernière et suprême imprévoyance celle-là, l'élection de Jules II, pour préparer sa chute de ses propres mains.

Nepi, qui avait été donnée à un Farnese, le fils de Julie et d'Alexandre, resta dans la famille, et Pier Luigi la garda jalousement. Du haut de Caprarola, le cardinal Alexandre, ainsi qu'il voyait la lombarde Sutri, contemplait aussi l'héritage qu'il réunissait des deux plus vils pontifes qui aient jamais sali le trône sacré: Alexandre VI et Paul III. Mais n'est-ce point encore, ici comme à la villa Savorelli, nous seuls qui prêtons à ces débris et à ces souvenirs tant de magique puissance d'émotion ? La petite Nepi elle-même d'aujourd'hui possède l'œil insensible de ses maîtres par simonie, concubinage, inceste et assassinat, et la citadelle de Nepi s'écroule dans l'indifférent oubli.

* * *

Après une matinée passée dans le parc de Caprarola, parmi les fleurs, au pied des cyprès, sous les châtaigniers et devant les cascades à regarder le jeu des eaux, l'éclosion des corolles et le balancement des branches, après avoir descendu dans les douves où les gazons verdoient, parcouru les potagers aux treilles déjà fournies, bref ayant joui de toute cette profuse nature si artistement guidée dans ses épanchements pour le plaisir des hommes, nous sommes partis une dernière fois, en vue de notre dernière randonnée.

18

Par le chemin des écoliers, nous allons gagner Civita-Castellana, la vieille Falériès étrusque que Camille rasa. Grimpant encore les monts Cimini, roulant sur la via Cassia, nous arrivons bientôt à Soriano, vieux bourg tuscien et qui fut fief des Chigi. Soriano, sise tout au sommet d'un pic, jouit d'une fière allure, forteresse considérable autrefois, dominant une campagne plantureuse qui dévale jusqu'à la rive du Tibre. En trombe nous traversons le village, et nous descendons dans la plaine vers Bassanello. Village aussi, Bassanello nous retient un instant par son château. Sur la place, l'édifice dresse ses vieux murs médiévaux, petite forteresse recuite de soleils qui ne se comptent plus. Un monsignor lui a rendu cependant la vie, en en faisant sa maison d'été.

Si l'extérieur, irréparable, et c'est tant mieux, est resté intact, l'intérieur a été non point restauré, mais simplement rendu habitable. La poterne franchie, on entre dans la cour centrale au coin de laquelle s'élèvent quelques marches qui donnent accès dans les salles. Strictement meublées, avec une modestie pleine de goût, les chambres ne contiennent rien qui jure avec l'aspect général. Vieux bahuts sans éclat, vieilles ferroneries, quelques panneaux peints que l'on ne peut nommer tableaux, des tables, les quatre pieds et la planche, des sièges de bois ou de cuir, des lits de fer gauchement contournés, bref l'appareil tout à fait d'un petit seigneur d'avant la Renaissance, quelque chose enfin comme un Bracciano qui n'aurait pas réussi. Et c'est charmant de discrétion, de tenue parfaite, sous les plafonds à poutrelles, au pied des frises peintes sans prétention. Chez nous, Basanello serait dit gentilhommière, quelque maison à pigeonnier de Bretagne ou de Gascogne, où achève de vivre une famille antique qui n'a pas rencontré la chance de riches mariages, comme était celle de Sigognac avant que vînt à passer le chariot de Thespis.

Habitués que nous sommes, en Italie, à rechercher les œuvres éclatantes, Bracciano, Caprarola ou Bagnaja, il est salutaire de rencontrer ainsi quelque modeste asile qui nous ramène au plus juste sentiment des choses. Ici aussi, à côté des grandes familles où germait la graine d'un pape ou d'un condottiere de génie — ou même de la simple chance ! — vivaient de pauvres seigneurs-fermiers, investis de vagues charges par le pape ou l'empereur. Ils étaient besogneux, rançonnaient peu et mal, frères des paysans qui se réunissaient autour d'eux au jour du péril et, en échange, partageaient avec eux les maigres récoltes. Si l'on cherchait pourtant, c'est encore dans les descendants de ceux-là que l'on trouverait le sang latin le plus pur. Ils ne pouvaient faire envie, et ils n'aspiraient qu'à vivre le moins mal. Ils ne faisaient donc aucun brillant mariage, n'introduisaient aucune branche étrangère dans leur arbre généalogique. Farnese épouse une Autrichienne, Orsini une Aragonaise, un Colonna va chercher une Gonzague, Este prend Borgia, Montefeltro Sforza, tous cherchent femme au dehors, demandant au mariage un surcroît de puissance. Ici, dans ces petits castels, on s'unit entre soi, gardant le sang pur de mélange, et qui se perpétue toujours de mêmes globules. Dans les familles du genre de celle de Bassanello se retrouverait sans peine la filiation la plus antique ; nous pourrions, en cette campagne septentrionale de Rome, reconnaître, chez le noble et chez le paysan, la vieille race étrusque que la romaine seule renouvela et conserva jusqu'à nous.

De Bassanello nous montons à Vignanello où domine encore une noble villa de vieille famille romaine, nous passons devant un antique champ de foire bordé d'étables et commandé par une église baroque, la Madonna del Ruccello (du ruisseau), et, tournant au sud, nous courons, par Fabrica, vers Faléries enfin. A perte de vue, limitée seulement par la Sabine et le Soracte, la plaine s'étend devant nous, autour de nous, la grande plaine romaine, moins dénudée, moins abandonnée que celle de la voie appienne. Pour parler plus faiblement à notre cœur qui aime à sentir autour de

Rome s'exhaler l'âcre parfum du désert et de la solitude, cette plaine-ci parle profondément néanmoins à notre esprit, puisqu'elle nous fait comprendre l'acharnement des vieux Romains à la conquérir. Entre Albe et Rome, il n'y eut jamais place que pour la houlette. Ici passait la charrue. Rome se développant avait besoin de champs pour ses semences. Elle ne pouvait les trouver qu'au nord, dans le pays étrusque. Veies, qui synthétise la lutte des deux races, n'est pas loin d'ici, du moins son emplacement. Et dès lors nous voyons nettement, en regardant les champs cultivés, les raisons sociales de l'histoire politique. On nous cache ordinairement ces raisons. C'est que, généralement, elles ne sont pas belles. La lutte pour la vie y préside avec toute sa férocité. Et toute la phraséologie héroïque, l'intérêt des générations à exalter, à purifier aussi les ancêtres, de guider la plume de Tite-Live. De loin nous voyons mieux, et la campagne de Civita-Castellana montre nettement que Rome dut récolter sur elle son pain que les herbes de l'est, les marécages de l'ouest et du sud, et les montagnes d'alentour ne pouvaient lui fournir. Seul le nord était arable. Puisqu'il était occupé, il fallait bien le prendre. Et, afin de le garder en toute sécurité, on extermina un peuple entier.

Faléries fut rasée et ses habitants transportés un peu plus au nord, dans la plaine où la nouvelle

Faléries, romaine, a laissé encore quelques ruines. Nous en voyons les murs, longue ceinture jaunâtre bouclée sur des champs tout pareils à ceux qui restent au dehors de l'enceinte. Nous suivons à pied des petits sentiers tracés à travers de jeunes avoines, et atteignons ainsi une brèche que nous escaladons. Elle est large, le mur aussi où les ronces remplacent les pierres, non sans succès. Faléries aujourd'hui, c'est une ferme et son territoire tout entouré de murailles à moitié ruinées et échevelées de parasites. Mais territoire considérable, d'une ville enfin dont se voient encore les tours et les portes. Dédaignant celles-ci, nous avons sauté par la brèche, conquérants d'un jour d'une ville qui ne connut guère d'autre assaut. Car la Faléries romaine, dont nous foulons maintenant la tombe, fut simplement abandonnée au moyen âge. Le peuple retourna dans la vieille ville étrusque qui était plus facilement défendable, nous le verrons tout à l'heure. Et Falerium nuovum s'écroula peu à peu. De Rome, à Faléries, il subsiste, dans un vallon, les restes d'un amphithéâtre, d'un forum et de thermes, ruines lamentables et qui n'empruntent quelque beauté qu'à la nature dont elles sont submergées. Il subsiste aussi deux portes, dont l'une, celle de Jupiter, et qui introduit à la ferme, garde encore intact son arc de plein cintre dont le temps n'eût point raison. Près des bâtiments agricoles enfin, se voit aussi une église sans toit, ni porte, ni fenêtres, et dont le squelette seul se dresse encore, nef majestueuse formée de colonnes et de piliers alternés.

Une porte romaine, une église médiévale au milieu de champs enfermés dans des murs croulants, voilà tout ce qui reste de l'effort de Camille. Il en reste ce qui restera toujours et partout de l'œuvre des hommes, des cendres. Faléries a péri un peu plus tôt qu'elle n'aurait pu, et que d'autres n'ont péri, parce que son existence toute factice la condamnait à plus de précarité encore. Œuvre de guerre, elle périclita lorsque la guerre s'éteignit, et peu à peu la ville née des nécessités naturelles, la primitive Faléries sortit de terre à nouveau, la Civita-Castellana d'aujourd'hui.

L'emplacement de celle-ci répondait, en effet, bien mieux aux nécessités sociales, lorsque Rome n'était plus là pour veiller. Lors de l'anarchie politique du moyen âge, l'évêque de Rome ayant déjà bien du mal à se garder lui-même, la sécurité obligea les Falériens à regagner le rocher primitif. Ils s'y réinstallèrent dès le VIIIe siècle, c'est-à-dire pendant la période lombarde, au moment des plus formidables invasions dont j'ai recueilli quelques traces autour de Toscanella. Les seigneurs lombards, féodaux installés par les rois Luitprand, Astolphe entre autres, ne se sentaient pas en sécurité au niveau des champs. Et le troupeau des serfs fut ramené au confluent des trois cours d'eau qui se réunissent au fond d'une gorge dont le rempart était sûr. Une citadelle fut plantée au-dessus, et la ville ainsi protégée se développa.

Elle n'avait dû jamais, d'ailleurs, disparaître tout entière. Une raison économique s'y opposait, le passage à cet endroit précis de la via Flaminia qui y sautait la Treja. Castellana resta au moins un relais d'où partaient plusieurs voies secondaires. Et qui tenait la citadelle, tenait la principale route de Rome, celle que suivirent tous les conquérants et tous les voyageurs. Les papes, une fois nantis par Mathilde héritière des Francs qui avaient chassé les Lombards, s'appliquèrent à fortifier Civita-Castellana qui a gardé intacte sa vieille forteresse reconstruite par San Gallo, et que Jules II et Léon X entretinrent avec soin, monument trapu, aux tours basses et lourdes qui plongent sur la gorge où s'ouvrent encore des tombeaux étrusques. Ces tombes ont été soigneusement fouillées, et le musée de la villa Guilia, au pied de la villa Borghese à Rome, a recueilli de précieuses reliques, revêtements de temples en terre cuite, sarcophages, urnes cinéraires, ustensiles de bronze, poteries, armes, bijoux, pierres gravées, témoignages précieux de la civilisation que Rome s'acharna à détruire et qu'elle s'acharne à rechercher aujourd'hui.

Une église du XIIe siècle, gâchée bien entendu au XVIIe, garde cependant son porche médiéval, et même une sorte de musée, dans la demeure du custode où sont entassés des débris de la construction primitive. C'est dans le petit jardin tapi derrière l'église que j'ai fini ma journée, petit jardin de solitaire, aux plates-bandes potagères, aux menus bosquets de roses et de chèvrefeuille dont le custode m'offre un bouquet « per la Signora ». Et, repartis à travers la plaine de Falériés, vers les hauteurs où déjà brillent les fenêtres de Caprarola, nous nouons fortement la gerbe que nous décidons de déposer ce soir dans la petite chapelle du palais, en souvenir des Lombards dont descendait l'heureux cardinal, et dont le comte de Caserte, aujourd'hui, issu d'Elisabeth Farnese à qui il doit Caprarola, renouvelle, sans retour probable, je le crains, l'infortune et le définitif exil.

*
* *

L'aurore de mon plafond m'ayant averti que le jour brillait au dehors, j'ai couru ouvrir la fenêtre, et les jardins de la villa Farnese, inondés de soleil, ont étincelé une dernière fois sous mes yeux. Dans une heure on viendra m'avertir que l'automobile ronfle sous la voûte du palais, au pied de l'escalier monumental que je vais descendre pour la dernière fois. Et vers midi, je verrai Rome étendue au pied du Mario. C'est fini. Non seulement l'enchantement de Caprarola qui peut, lui du moins, se renouveler, mais surtout l'enchantement de mes voyages. A Caprarola se terminent quinze années de bonheur, de fatigue, de travail, quinze années au cours desquelles j'ai poursuivi mon œuvre sans relâche comme sans lassitude.

J'ai peu de goût pour les épitaphes. Les choses s'inhument bien toutes seules ; elles prennent la place qu'elles méritent sans qu'il soit besoin de les désigner aux passants. Lorsque je me suis mis en route, à Crémone, pour ce dernier voyage, en dépit d'un peu de mélancolie une certaine allégresse de finir dominait pourtant en moi. Et, maintenant que c'est bien fini, la mélancolie l'emporte. Vivre longtemps d'une idée et pour elle, puis l'abandonner, c'est le sort des hommes qui persistent à respirer. La tristesse de la rupture n'en est pas moins déprimante. Je vais briser tout à l'heure avec une période de ma vie, la plus fortunée. Et puisqu'il faut rompre, je le ferai selon la meilleure méthode que l'expérience ait enseigné aux amants : avec brutalité. Nul adieu, nul soupir, nulle inscription qui rappellent quoi que ce soit. C'est fini ? Bonsoir donc. La sagesse est de se taire ; est-on jamais sûr de soi ? Je n'aurais qu'à tomber dans les lamentations. Je viens de passer trop d'années dans une atmosphère de mesure et de goût, pour ne pas craindre cette faute. Il y a des moments dans la vie où il ne faut pas hésiter à paraître goujat. Je me trouve à l'un de ces moments-là. Bonsoir, bonsoir, au revoir, adieu, amitiés chez vous ; et voilà.

Des soins plus pressants m'appellent au surplus. Un dernier tour dans Caprarola, une poignée de main à mes amis les paons, une accolade aux atelantes du casino, et une carresse aux mioches du jardinier. Voilà qui ne trompe pas, du moins. Le reste est mirage. J'ai fait un beau rêve. Je me réveille enfin. La vie n'en est pas moins belle pour avoir des aspects divers. *Carpe diem !* a dit Horace. On n'a rien encore trouvé de mieux pour nous rendre les jours supportables, même le plus pénible, celui où l'on s'en va.

TABLE DES MATIÈRES

IMPRIMERIE DURAND
RUE FULBERT, CHARTRES

LIBRAIRIE HACHETTE ET Cie, 79, BOULEVARD SAINT-GERMAIN, PARIS

BIBLIOTHÈQUE VARIÉE, FORMAT IN-16

À 3 FR. 50 LE VOLUME

QUESTIONS D'ART ET D'ESTHÉTIQUE

BERGER (G.) : *L'École française de peinture depuis ses origines jusqu'à la fin du règne de Louis XIV* . . . . 1 vol.

CHEVRILLON (A.) : *La pensée de Ruskin* . . . . 1 vol.

COUYBA (Ch.) : *Les Beaux-Arts et la Nation* . . . . 1 vol.

FILON (A.) : *La caricature en Angleterre*, avec 8 photog. . . 1 vol.

GAULTIER (P.) : *Le rire et la caricature*, avec 16 planches hors texte . . . . 1 vol.

Ouvrage couronné par l'Académie française.

— *Le Sens de l'Art*, avec 16 planches hors texte . . . . 1 vol.

Ouvrage couronné par l'Académie des sciences morales et politiques.

— *L'idéal moderne* . . . . 1 vol.

GEBHART (E.), de l'Académie : *Sandro Botticelli* . . . . 1 vol.

JUGLAR (L.) : *Le style dans les arts et sa signification historique* . . . . 1 vol.

Ouvrage couronné par l'Académie française.

LAPAUZE (H.) : *Mélanges sur l'art français* . . . . 1 vol.

LARROUMET (G.), de l'Institut : *Études de littérature et d'art*, 4 séries . . . . 4 vol.

L'art et l'État en France . . . . 1 vol.

Petits portraits et notes d'art. 2 vol.

LA SIZERANNE (R. de) : *La peinture anglaise contemporaine*, ses origines préraphaélites, ses maîtres actuels, ses caractéristiques, 3e édit. . . . . 1 vol.

Ouvrage couronné par l'Académie française.

Ruskin et la religion de la beauté, sa physionomie, ses paroles, sa pensée esthétique et sociale, 6e édition, avec 2 portraits. . . . . 1 vol.

Ruskin, pages choisies . . . . . 1 vol.

LA SIZERANNE (R. de) (Suite). *Le Miroir de la Vie* (Essais sur l'évolution esthétique) . . . 1 vol.

Les questions esthétiques contemporaines : I. L'Esthétique du fer. II. Le Bilan de l'impressionnisme. — III. Le Vêtement moderne dans la statuaire. — IV. La Photographie est-elle un art? — Les Prisons de l'art . . . . 1 vol.

LEMONNIER (H.) : *L'Art français au temps de Richelieu et de Mazarin*, 2e édit. . . . . 1 vol.

Ouvrage couronné par l'Académie française.

MARÉCHAL : *Rome*, souvenirs d'un musicien . . . . 1 vol.

— *Paris*, souvenirs d'un musicien . . . . 1 vol.

MARTHA (C.), de l'Institut : *La délicatesse dans l'art* . . . 1 vol.

MICHEL (E.), de l'Institut : *Étude sur l'histoire de l'art* (DIEGO VELASQUEZ ; les débuts du paysage dans l'école flamande ; CLAUDE LORRAIN ; les arts à la cour de Frédéric II) . . . . 1 vol.

— *Nouvelles études sur l'histoire de l'art* . . . . 1 vol.

MOREAU-VAUTHIER (Ch.) : *Gérome peintre et sculpteur, l'homme et l'artiste* . . . . 1 vol.

POMAIROLS (Ch. de) : *Lamartine*, étude de morale et d'esthétique . . . . 1 vol.

ROLLAND (Romain) : *Musiciens d'autrefois* . . . . 1 vol.

— *Musiciens d'aujourd'hui* . . 1 vol.

RUSKIN (J.) : *Pages choisies*, par M. R. de la Sizeranne . . . 1 vol.

SOURIAU (P.) : *L'imagination de l'artiste* . . . . 1 vol.

TAINE (H.), de l'Académie française : *Philosophie de l'art*, 11e édition . . . . 1 vol.

TIERSOT (J.) : *Hector Berlioz et la Société de son temps* . . . . 1 vol.

www.ingramcontent.com/pod-product-compliance
Ingram Content Group UK Ltd.
Pitfield, Milton Keynes, MK11 3LW, UK
UKHW021058220726
13924UKWH00005B/2143

9 782019 920418